DIOS QUIERE QUE ESTÉS SANO

Por
Andrew Wommack

Título en inglés: *God Want's You Well*

ISBN: 978-1-59548-201-3
Copyright © 2010 por Andrew Wommack Ministries, Inc.
P.O. Box 3333
Colorado Springs, CO 80934-3333

Traducido por: Citlalli Macy y René M. Tapia
Edición en Español Copyright 2010

Índice

Introducción..5

Capítulo 1...9
Los Milagros Confirman la Voluntad de Dios

Capítulo 2... 17
Una parte de Su Expiación

Capítulo 3... 23
¡*Sozo*!

Capítulo 4... 29
Un Paquete con Todo Incluido

Capítulo 5... 37
La Enfermedad y el Pecado

Capítulo 6... 45
Una Excusa

Capítulo 7... 53
Pablo y el Lugar Común "Un Aguijón en la Carne".

Capítulo 8... 65
¿Problemas con los Ojos?

Capítulo 9... 71
Redimido de la Maldición

Capítulo 10... 79
Jesús Sanaba a Todos

Capítulo 11... 85
¿Por Qué No Todos Son Sanados?

Capítulo 12... 93
Por Vuestra Incredulidad

Capítulo 13... 101
La Fe Anulada

Capítulo 14... 109
Una Fe Pura, Fuerte

Capítulo 15 119
Gobernado por la Ley

Capítulo 16 129
El Mundo Espiritual

Capítulo 17 139
Las Palabras son Poderosas

Capítulo 18 149
Actúa de Acuerdo a tu Fe

¿Siempre es la Voluntad de Dios Sanar a la Gente? 158

Acerca el Autor 181

Recibe a Jesucristo Como tu Salvador 182

Recibe al Espiritu Santo 183

Otras Publicaciones de Andrew Wommack 184

Introducción

Aunque no sé todo lo que se puede saber sobre la sanidad, he madurado mucho en esta área, y la considero un área muy fuerte en mi vida. Ahora han pasado casi cuarenta años desde la última vez que la enfermedad afectó mi cuerpo. Eso no significa que nunca he tenido un problema. Por el camino, me han atacado algunas cosas. En una ocasión, mientras estaba grabando unos programas de radio, de repente me atacaron todos los síntomas de un resfriado. Mis fosas nasales se congestionaron, me empezó a fluir líquido por la nariz, empecé a sentir dolores, escalofríos, y fiebre—todo sucedió en un período de tiempo muy corto. Me tomó como una hora orar por eso, pero luego se fue.

Probablemente la peor enfermedad que he padecido en los últimos cuarenta años fue cuando regresé a mi casa de Inglaterra e inmediatamente empecé a trabajar en mi estanque. Me había pasado treinta y cuatro horas sin dormir y quería reponerme de la falta de sueño, pero algo había sucedido en el drenaje del estanque que estaba construyendo en mi propiedad, y tuve que encargarme de eso inmediatamente. Fue una tontería de mi parte permanecer trabajando parado dentro del estanque con el agua fría hasta el pecho casi por seis horas estando tan débil, cansado, y desgastado. Me empezó a fluir líquido por la nariz y se me taparon los oídos. Sin embargo, pude superar ese resfriado en un día. Aunque me tomó un par de días para que se me destaparan los oídos, un observador casual no hubiera podido pensar que me había enfermado. Eso es lo peor que me ha sucedido en casi cuarenta años.*

En una ocasión, de hecho me diagnosticaron con una enfermedad incurable. Sin embargo, a los tres días el mismo doctor que había hecho ese diagnóstico me declaró sano… ¡yo había recibido oración y sanidad! He visto a Dios sanarme de un sin fin de cosas.

La salud es un área fuerte en mi vida. Las verdades que comparto en este libro están funcionando para mí, y lo han hecho por décadas. Aunque no sé todo sobre la sanidad, es mucho, mucho más de lo que sí sé que lo que podré compartir en este libro. Por favor consulta la sección final de este libro donde encontrarás materiales complementarios que ampliarán las verdades contenidas aquí. Mi propósito con este libro no es enseñar sanidad de una manera exhaustiva, sino establecer un fundamento firme.

¿Y Tú?

Tú necesitas considerar las verdades de la Palabra de Dios contenidas en este libro. Aunque yo personalmente por mucho tiempo he experimentado salud divina, no es porque nunca me haya pasado nada. Me he lastimado, he tenido accidentes, he sido atacado por enfermedades. He tenido problemas, pero los he vencido—y he visto la salud manifestarse en mi propio cuerpo por décadas.

He ministrado sanidad también a otros—a una gran cantidad de personas. Esto se refiere tanto a ojos parcialmente ciegos que mejoraron, como a ojos totalmente ciegos—que ni siquiera podían percibir luz— que recuperaron la capacidad de ver. He visto a gente que era total o parcialmente sorda recuperar el oído. Me recuerdo orando por personas a las que los tímpanos se les habían deteriorado, o hasta se los habían removido quirúrgicamente. Y Dios les restauró el oído. He visto individuos que no podían ni hablar porque no tenían laringe y a pesar de eso recibieron un milagro y empezaron a hablar en lenguas. He visto miles de gentes sanadas de artritis y de toda clase de dolores. Un hombre tenía una barra de metal en su espalda que hacía que se parara derecho. Para él, era físicamente imposible agacharse. Sin embargo, él recibió sanidad y pudo agacharse sin problemas. He visto personas sanar de deformidades y enfermedades y a personas que dejan sus sillas de ruedas.

Personalmente he visto a tres personas resucitar de entre los muertos, incluido a mi propio hijo. Él había estado muerto casi por cinco horas, y ya había perdido el color. Su dedo gordo del pie tenía una etiqueta y estaba acostado en una plancha en la morgue del hospital, pero el Señor lo resucitó—¡gloria a Su Nombre!

No comparto esto para exaltarme a mí mismo. Todavía estoy aprendiendo. Ha habido—y todavía hay—ocasiones cuando oro por la gente y ellos no sanan. Pero hoy estoy obteniendo mejores resultados que nunca. No he llegado a la meta, pero ya arranqué, y he aprendido unas verdades muy importantes a lo largo del camino.

¿Y tú? ¿Estás disfrutando plenamente de salud divina? ¿Están sanando con regularidad las personas por las que oras? Si no es así, entonces deberías considerar seriamente las verdades que estoy compartiendo.

¡La Palabra de Dios Sí Funciona!

Por favor no confundas mi confianza con orgullo, simplemente la sanidad es un área de mi vida en la que sí estoy obteniendo buenos resultados. Les he ministrado personalmente a decenas y probablemente a centenas de miles de personas. He entrenado a otros y he visto que estas verdades funcionan para ellos. Muchos ministros me han dicho que recibir la revelación de estas mismas verdades los ha capacitado para poder ver sanar a gran parte de la gente por la que oran. Algunos de estos ministros han visto sanar casi a todas las personas por las que han orado, e inclusive a muchas personas resucitar de entre los muertos. ¡La Palabra de Dios sí funciona!

A lo mejor no sé todo, pero sé que voy en la dirección correcta. He visto el poder de Dios funcionar una y otra vez. Si tienes prejuicios en contra de la sanidad y te niegas a considerar lo que la Palabra dice, probablemente yo no podré ayudarte. Pero si tú sinceramente deseas conocer la sanidad divina que está disponible a través del Señor Jesucristo y de la fe en lo que Él ha hecho, este libro podría literalmente cambiar tu vida. Por lo menos, estas verdades pueden llevarte a un nivel de éxito y victoria en el área de la salud igual al que Dios me ha dado. Repito, no estoy diciendo que soy el non plus ultra, pero la sanidad está funcionando muy bien en mi vida—y no sólo para mí, sino también para la gente a la que le he estado ministrando.

Conforme te llenes de humildad para recibir la Palabra de Dios, yo creo que estas verdades realmente te van a ayudar.

*Nota del autor: Desde que se escribió esta introducción, batallé con una sinusitis que duró casi tres días. Esto también fue producto de la falta de sensatez. Yo había ministrado cuarenta y una veces en una semana y después cuarenta veces la semana siguiente. Físicamente esto me agotó. Estaba tan débil que le di oportunidad a la enfermedad. La fe no siempre vence la falta de sensatez. Ahora he tomado medidas para corregir esto.

CAPÍTULO 1
Los Milagros Confirman la Voluntad de Dios

MUCHA GENTE ME critica porque enfatizo la sanidad. Ellos dicen: "Esto no es importante. No tienes que ser sano para irte al cielo. No deberías invertir tu tiempo ni tu dinero en programas de radio, programas de televisión, ni en libros para enfatizar la sanidad. Es un asunto secundario. ¡Lo estás haciendo más importante de lo que es!"

En una carta que me reenvió una estación radiodifusora, un hombre amenazó con que iba a tomar acción legal en mi contra. Esencialmente, él dijo: "¡Es un gran pecado que tú tomes el dinero de la gente, dinero que les cuesta mucho trabajo ganar, para predicar algo como la sanidad!" Este hombre era una de las muchas personas que sostienen que es una pérdida de tiempo hablar sobre la sanidad. ¡Yo definitivamente no estoy de acuerdo!

La sanidad es parte de la expiación de Cristo. Si Jesucristo murió para proveer a nuestra salud, entonces eso no es algo fortuito. Si el Señor sufrió y recibió azotes en Su espalda por nuestra sanidad física, entonces no es algo insignificante. Si Jesucristo valoró la sanidad lo suficiente como para comprarla para nosotros, entonces nosotros deberíamos valorarla para recibirla.

Dios Padre hizo que Su Hijo llevara todos nuestros pecados y nuestras enfermedades en la cruz. Jesucristo tomó tanto nuestras enfermedades como nuestros pecados. Por lo tanto, fomentar la sanidad lo honra a Él. De hecho, Jesucristo pasó más tiempo hablando de sanidad que de otros temas—como el del cielo y el infierno—considerados como esenciales por muchas personas hoy en día. De hecho, el Señor usó la sanidad como una campana para atraer la atención de las personas y para probar que Él sí tenía poder en la tierra para perdonar pecados. Muchos ejemplos de las Escrituras ilustran esto.

La Sanidad y el Perdón

En Marcos 2, unos amigos de un hombre que padecía de parálisis no podían, a causa de la multitud, meterlo a la casa en la que Jesús estaba ministrando. Sin desanimarse, ellos subieron a su amigo al techo de la casa, quitaron algunos ladrillos del techo, y literalmente bajaron a este hombre en su lecho justo enfrente de Jesús.

Al ver Jesús la fe de ellos, dijo al paralítico: Hijo, tus pecados te son perdonados.

MARCOS 2:5

Date cuenta que Él dijo: "Tus pecados te son perdonados".

Estaban allí sentados algunos de los escribas, los cuales cavilaban en sus corazones: ¿Por qué habla éste así? Blasfemias dice. ¿Quién puede perdonar pecados, sino sólo Dios? Y conociendo luego Jesús en su espíritu que cavilaban de esta manera dentro de sí mismos, les dijo: ¿Por qué caviláis así en vuestros corazones? ¿Qué es más fácil, decir al paralítico: Tus pecados te son perdonados, o decirle: Levántate, toma tu lecho y anda?

MARCOS 2: 6-9

Si Jesucristo solamente hubiera sido un hombre, para Él habría sido imposible decir: "Levántate y camina", o "Tus pecados te son perdonados". Sólo Dios puede perdonar pecados, y el hombre en su capacidad física no tiene poder para producir sanidad. Sin embargo, como Jesucristo es totalmente Dios y totalmente hombre, Él pudo de hecho declarar y producir ambas cosas—la sanidad y el perdón.

Es más fácil decir: "Tus pecados te son perdonados", porque no puedes ver un pecado, y no puedes ver si un pecado ha sido o no perdonado y resuelto. Si alguien te retara diciendo: "Tú no puedes hacer eso", tú podrías responder: "¡Compruébalo!"

La Prueba

Jesucristo estaba diciendo que es más fácil decir: "Tus pecados te son perdonados", que decir: "Levántate y camina", porque los presentes podrían constatar inmediatamente si Él tenía o no el poder para hacer que ese hombre se levantara y caminara. Para el Señor en realidad era más difícil decirle a este hombre enfrente del gentío: "Levántate y camina" porque los presentes podrían constatar inmediatamente si Él tenía o no el poder para hacer que ese hombre se levantara y caminara.

Si tú puedes hacer la obra mayor, entonces seguramente puedes hacer la menor. Si puedes saltar 4 m, entonces seguramente tú puedes saltar medio metro.

Continuemos con Marcos:

La gente estaba allí parada en silencio sin saber qué responder. Entonces Jesucristo continuó diciendo:

> *Pues para que sepáis que el Hijo del Hombre tiene potestad en la tierra para perdonar pecados (dijo al paralítico): A ti te digo: Levántate, toma tu lecho, y vete a tu casa. Entonces él se levantó en seguida, y tomando su lecho, salió delante de todos, de manera que todos se asombraron, y glorificaron a Dios, diciendo: Nunca hemos visto tal cosa.*

> **MARCOS 2: 10-12**

Jesucristo dejó muy claro que Él sanó a este hombre para que la gente supiera que Él tenía poder en la tierra para perdonar pecados. El Señor usó la sanidad como prueba de que Él tenía poder para tratar con cosas invisibles. Si Él podía tratar con los cuerpos físicos, y podía satisfacer las necesidades físicas y emocionales de la gente, entonces Él también podía tratar con sus necesidades espirituales. Jesucristo usó la sanidad como una campana para atraer a la gente hacia Él y para que le pusieran atención; después Él les diría la verdad.

¿Solamente Palabras?

Jesucristo también dijo que los milagros que Él hacía comprobaban quién era Él y confirmaban lo que Él decía.

Mas yo tengo mayor testimonio que el de Juan; porque las obras que el Padre me dio para que cumpliese, las mismas obras que yo hago, dan testimonio de mí, que el Padre me ha enviado.

Juan 5: 36

Aunque Jesucristo se refirió al testimonio que Juan el Bautista dio de Él, no estaba dependiendo de eso. Cristo dependía de la confirmación que Su Padre dio sobre quién era Él por los milagros que Él mismo hizo. Si Jesucristo necesitaba el testimonio de los milagros que Él operó para comprobar Su autoridad, entonces ¿cómo podríamos nosotros hacer menos? Es arrogancia al máximo pensar que podemos usar solamente palabras para persuadir a la gente, cuando Jesucristo tuvo que tener milagros y señales para confirmar Su Palabra.

De la manera como Debería Ser

Algunas personas dicen: "Hoy no necesitamos milagros. Tenemos la Palabra de Dios". Sin embargo, eso no es lo que la Biblia enseña. Marcos 16 nos revela algunas de las últimas instrucciones que Jesucristo les dio a sus discípulos antes de que Él ascendiera al cielo. Fíjate en lo que Él prometió después de

◆ ◆ ◆

ordenarnos que vayamos por todo el mundo y que prediquemos el evangelio:

> *Y estas señales seguirán a los que creen: En mi nombre echarán fuera demonios; hablarán nuevas lenguas; tomarán en las manos serpientes, y si bebieren cosa mortífera, no les hará daño; sobre los enfermos pondrán sus manos, y sanarán. Y el Señor, después que les habló, fue recibido arriba en el cielo, y se sentó a la diestra de Dios. Y ellos, saliendo, predicaron en todas partes, ayudándoles el Señor y confirmando la palabra con las señales que la seguían. Amén.*
>
> ### Marcos 16: 17-20

Dicho de otra manera, Dios usó milagros para confirmar que realmente era Él el que estaba hablando a través de esas personas. Estos versículos también revelan que el Señor confirma la verdadera predicación y enseñanza de Su Palabra con las señales que la siguen.

Con base en esto, podemos decir verdaderamente que hoy en día si los ministros no tienen el poder milagroso de Dios fluyendo a través de ellos, entonces deberíamos dudar si verdaderamente Dios está hablando a través de ellos. Ahora bien, no me malinterpretes. No estoy diciendo que una persona que no tiene dones de sanidad presentes en su ministerio no es de Dios. Tampoco estoy diciendo que confiemos irreflexivamente en todas las palabras del que haga un milagro. Siempre debes cotejar lo que la gente dice con la Palabra.

Sin embargo, en el sistema de Dios, cuando Su Palabra se predica verdaderamente habrá señales y maravillas acompañándola.

Vivimos en una época en la que el mensaje de salvación se ha corrompido y fragmentado. A algunos aspectos no se les ha puesto atención y han sido malentendidos por la mayoría en el cuerpo de

Cristo. Muchas personas están predicando solamente el perdón de los pecados. Dios confirma todo lo que prediquemos de Su Palabra, pero si solamente predicamos sobre los beneficios espirituales y eternos, y sobre el perdón de los pecados, entonces lo único que veremos que sucede es que la gente es vuelta a nacer. Pero si predicamos y enseñamos todo el designio de Dios, Él lo confirmará con señales, maravillas, y milagros. Éste es el proceso que Dios ha establecido en las Escrituras, y así es como debería ser.

¡Nosotros También los Necesitamos!

Hoy por hoy no todos los hombres y mujeres que verdaderamente son de Dios ven milagros porque no están predicando todo el designio de Dios. Algunas personas a las que yo respeto mucho han sido fieles con la revelación que ellos tienen. Ellos han visto gente que vuelve a nacer, y vidas transformadas. Definitivamente yo no diría que ellos no son verdaderos ministros. Sin embargo, es obvio que no están predicando todo el designio de Dios. La voluntad de Dios es que se predique todo Su designio, y Él lo confirmará con las señales y las maravillas que lo sigan.

Hebreos 2:3-4 dice:

> *¿Cómo escaparemos nosotros, si descuidamos una salvación tan grande? La cual, habiendo sido anunciada primeramente por el Señor, nos fue confirmada por los que oyeron, testificando Dios juntamente con ellos, con señales y prodigios y diversos milagros y repartimientos del Espíritu Santo según su voluntad.*

Esto nos dice que la Palabra que Jesucristo predicó fue confirmada por Dios con milagros. Cuando Él ascendió al cielo, y los discípulos asumieron el ministerio en esta tierra, Dios también confirmó la Palabra que ellos declararon con señales, prodigios, y dones del Espíritu Santo de acuerdo a Su voluntad.

◆ ◆ ◆

Hoy nadie puede afirmar que está operando mejor que como lo hizo Jesucristo. De hecho, la mayoría de los Cristianos ni siquiera están viendo con regularidad la manifestación total del poder de Dios como los apóstoles lo hicieron. ¿Quiénes creemos que somos para creer que hoy por hoy de una manera u otra nosotros tenemos una unción o capacidad superiores para ministrar con eficacia ante los ojos de Dios sin que necesitemos milagros? Ésa es arrogancia al máximo. Si tanto Jesucristo como los primeros creyentes necesitaron milagros, señales, y prodigios para confirmar el mensaje de Dios que ellos predicaban, entonces ¡nosotros también los necesitamos!

CAPÍTULO 2
Una Parte de Su Expiación

SI EL CUERPO de Cristo estuviera presentando completamente el Evangelio—todo el designio de Dios—hoy estaríamos haciendo un mayor impacto en el mundo. Dios no solamente quiere perdonar nuestros pecados, también nos ama entrañablemente y desea sanar nuestros cuerpos, bendecirnos con dinero, y liberarnos del desaliento y la depresión. ¡Piensa en eso!

Una de las principales razones por las que la iglesia se ha hecho inefectiva e irrelevante ante los ojos de muchas personas es que solamente ha predicado que Dios es para el más allá. Ellos han convertido la relación con el Señor en un asunto relacionado con el cielo y el infierno, y no han predicado que Él nos ama ahora mismo. Ellos no han enseñado que Dios quiere darnos una vida dinámica y totalmente victoriosa ahora mismo. Ellos no han ministrado sanidad, prosperidad, ni liberación.

Algunas de las estadísticas que he visto dicen que cerca de un 85 por ciento de la población de los Estados Unidos de América cree que hay un Dios; sin embargo sólo un 10 o 15 por ciento asisten de hecho a la iglesia con regularidad. ¿De todas esas personas que dicen que creen en Dios, habría suficientes pruebas para declarar ante una corte de justicia a algunos de ellos culpables por ser Cristianos? Hay una gran diferencia entre la gente que dice que Dios existe y aquellos que disfrutan de una relación llena de vida con Él.

¿Por qué es así? ¿Por qué hay tantas personas que saben que Dios existe pero no proceden a obtener esta relación íntima con Él y a hacerlo el centro de sus vidas? Aunque probablemente hay varias razones, una de las más obvias es que la iglesia ha presentado la relación con Dios como un asunto relacionado con el cielo y el infierno. Ella ha predicado: "Tú nada más obtén el perdón por tus pecados para que no te vayas al infierno".

Verdaderamente Relevante

Aunque eso es verdad—hay un cielo por ganar y un infierno que se debe evadir, y tú debes recibir el perdón de tus pecados para evadir el infierno—la mayoría de la gente está viviendo en un infierno tal en esta vida que no está preocupada por el infierno en el más allá. Están viviendo con desavenencia, sufriendo por el divorcio, la enfermedad, y están aterrorizados por lo que está pasando en el mundo. No han escuchado ni visto que el Señor trata con estos asuntos en esta vida. Piensan que Dios es solamente para la vida de ultratumba, y su visión es estrecha. Deberían estar pensando en la eternidad, pero no lo están haciendo porque están muy ocupados batallando con todas las cosas que están sucediendo ahora mismo en sus vidas. Ellos saben que Dios existe, pero ellos posponen todo lo que tenga que ver con Dios hasta que están a punto de morir porque ellos no perciben Su relevancia en relación a su actual vida cotidiana.

Sin embargo, si la iglesia se propusiera presentar al Señor con mayor fidelidad diciendo: "Dios te sanará y te guardará en salud. Él te liberará de la depresión, la desesperación, y las batallas en las que te encuentres. Dios te prosperará como tú nunca hubieras podido lograrlo por tu propio esfuerzo"; si presentáramos el hecho de que Dios no es solamente para el perdón de los pecados, sino también para estas otras áreas, entonces la gente se daría cuenta que Él es verdaderamente relevante en nuestra vida diaria.

Si hoy una persona enferma llegara a una de nuestras muchas "iglesias" (uso ese término en un sentido muy amplio), ellos le preguntarían: "¿Por qué vienes a nosotros? Ve a ver a un doctor". Si llegara una persona pobre, ellos dirían: "Bueno, ¿ya investigaste qué pueden hacer por ti las agencias de gobierno y ya intentaste recibir la ayuda social?" Si llegara alguien que está desanimado, deprimido, y bajo alguna opresión demoníaca, ellos lo mandarían al psiquiatra o con algún otro profesional para que le diera alguna droga. Pero ésa no es la actitud que Dios quiere que tengamos. ¡La iglesia debería proveer a las necesidades de la gente! El hecho de que no lo hagamos es una de las razones por las que muchas personas ven a la iglesia como algo irrelevante en relación a su vida actual. Ellos no dudan que Dios existe. Pero no entienden para qué lo necesitan sino hasta que se preparan para morir. ¡Eso está mal!

Jesucristo—nuestro ejemplo—enfatizó la sanidad. Yo simplemente estoy imitándolo a Él. Por dondequiera que Jesucristo iba, Él sanaba a la gente. Dios Padre hizo estos milagros para mostrarle a la gente que Jesús tenía poder en la tierra para perdonar los pecados. Esto confirmó el mensaje de Cristo y comprobó la validez de Sus palabras. Puesto que ésa es la manera como Dios lo hizo con Jesucristo, yo estoy siguiendo un buen precedente.

Se transmite un mensaje terrible tanto a los Cristianos como a los que no lo son cuando los predicadores que han sido engañados dicen cosas como éstas: "A Dios no le importa que tu cuerpo sane", o "Él te está infligiendo esta enfermedad para darte una lección". ¡Eso es totalmente falso!

No Es Sólo un "Accesorio".

Mi papá murió casi un mes antes de que yo cumpliera doce años. Antes de morir, él estuvo en estado de coma por un tiempo. Cuando yo tenía once años, por meses experimenté la agotadora experiencia de ver a mi padre al borde de la muerte. La iglesia en la que crecí me dijo que el Señor le había infligido esa enfermedad, y que era la voluntad de Dios que él muriera. Yo no me rebelé por eso, pero muy adentro en mi corazón yo sentía que había algo al respecto que no tenía sentido.

Sin embargo, yo puedo darte muchos ejemplos de personas que atravesaron por experiencias similares y que sí se rebelaron. Una de estas personas es un personaje famoso. Cuando era niño él sabía que Dios existía, y hasta procuraba conocerlo. Pero su hermana murió y la gente religiosa le dijo que Dios lo había decidido. Él se alejó totalmente del Señor y hoy en día es un ateo declarado. Él se refiere a este suceso de su vida y dice: "¡Tú no puedes decirme que hay un Dios, y que éste pone enfermedad en la gente!" Esta distorsión de la imagen de Dios aleja a mucha gente del Señor y la llena de amargura para con Dios.

Fue la gracia de Dios la que me ayudó para que no me rebelara cuando me dijeron: "Dios es el que mató a tu papá". Muchos otros no han reaccionado tan bien como yo.

Un sinfín de personas saben que Dios existe, pero por la razón que sea, no quieren tener nada que ver con Él, no ven Su relevancia en su vida diaria. Tenemos que declarar todo el designio de Dios. Aunque no se debe elevar la sanidad por encima del perdón de los pecados, tampoco se debería poner por debajo. Jesucristo proveyó la sanidad para nosotros al mismo tiempo que Él proveyó el perdón de nuestros pecados.

La sanidad no es solamente un "accesorio" o un "beneficio adicional" que sólo se da en algunas ocasiones. Es una parte esencial de lo que Cristo vino a hacer. Jesucristo murió tanto para proveer la salud física para nuestro cuerpo como para proveer el perdón de nuestros pecados. Todo esto es parte de Su expiación.

Un Trato Hecho

En el cuerpo de Cristo, esta verdad todavía no es algo que mucha gente crea y comprenda, lo que explica por qué son muy pocas las personas que están actuando con base en ella. La mayoría de los Cristianos piensan que ciertamente Dios puede otorgar sanidad si Él quiere hacerlo, pero no creen que Él ya nos redimió de la enfermedad y las dolencias. Ellos ven a la sanidad como algo que el Señor puede hacer, pero no están seguros que sea Su voluntad hacerlo.

Si tú reconoces que la sanidad es parte de la expiación (la cual ocurrió hace dos mil años), entonces tú comprenderás que el Señor ya nos sanó. Él ya compró esa bendición. El poder ya ha sido generado. La sanidad es un trato hecho, y ahora está disponible para nosotros de la misma manera que el perdón de los pecados.

Capítulo 3
¡Sozo!

Jesucristo dio su vida por nuestros pecados para rescatarnos de este mundo malvado, según la voluntad de nuestro Dios y padre.

Gálatas 1:4 NVI®

Jesucristo se entregó a Sí mismo por nuestros pecados para librarnos *de este* mundo malvado—no solamente del mundo malvado por venir.

Mucha gente piensa que lo que Jesucristo produjo a través de Su muerte, Su sepultura, y Su resurrección solamente ejerce influencia en el ámbito espiritual y eterno. Por eso, ellos inventan canciones como ésta: "Cuando todos lleguemos al cielo, qué día tan maravilloso será". Por supuesto que será glorioso en el cielo, pero Jesucristo también vino para rescatarnos del presente mundo malvado. No solamente somos rescatados del infierno, de nuestros pecados, y del castigo futuro—Jesucristo también vino para liberarnos, protegernos, y para proveer a nuestras necesidades ahora mismo en este mundo físico.

Una Palabra que Abarca Todo

La palabra Griega *sozo* se usó más de cien veces en el Nuevo Testamento. Es una palabra que abarca todo, de la que derivamos la palabra salvación, y que con frecuencia se traduce como "**salvar**". Sin embargo, si vemos con más detenimiento la manera como se tradujo esta importante palabra, queda muy claro que nuestra salvación incluye mucho más que el perdón de los pecados.

Sozo se tradujo como "**salvar**" treinta y ocho veces con referencia al perdón de los pecados. Algunos ejemplos son:

Y dará a luz un hijo, y llamarás su nombre JESÚS, porque él salvará [sozo] a su pueblo de sus pecados.

MATEO 1:21

Pues ya que en la sabiduría de Dios, el mundo no conoció a Dios mediante la sabiduría, agradó a Dios salvar [sozo] a los creyentes por la locura de la predicación.

1 CORINTIOS 1:21

Por lo cual puede también salvar [sozo] perpetuamente a los que por él se acercan a Dios, viviendo siempre para interceder por ellos.

HEBREOS 7:25

Perdonado, Sanado, y Liberado

Sozo se tradujo otras cincuenta y tres veces como "**salvar**" con referencia al perdón de pecados. Sin embargo, también hubo ocasiones en las que esta misma palabra Griega se tradujo como "**sanar**".

[Jairo] suplicándole con insistencia [a Jesús]: —Mi hijita se está muriendo. Ven y pon tus manos sobre ella para que se sane [sozo] y viva.

MARCOS 5:23 NVI®

Esta palabra "**sanar**" se está refiriendo a la sanidad física. En el transcurso de esta historia, de hecho la hija de Jairo murió, y Jesucristo la resucitó de entre los muertos (Mr. 5:35-43). Así que en esta instancia la palabra *sozo*—"**sanar**"—se refiere a la sanidad física, e inclusive a la resurrección de entre los muertos.

Esta palabra que se usó tanto para el perdón de los pecados como para la sanidad física también se aplica a la liberación de los demonios.

Los que habían presenciado estas cosas le contaron a la gente cómo el endemoniado había sido sanado [sozo].

LUCAS 8:36

Comúnmente conocido como el endemoniado gadareno, nadie podía contener a este hombre. De hecho, con frecuencia él rompía las cadenas con las que estaba atado (Lc. 8: 26-29). Algunas veces la liberación de demonios es necesaria para que alguien reciba sanidad. Esto está incluido en esta palabra *sozo*.

Este oyó hablar a Pablo, el cual, fijando en él sus ojos, y viendo que tenía fe para ser sanado [sozo].

HECHOS 14:9

Pablo fijó sus ojos en el hombre lisiado y percibió que él tenía fe para ser sanado [*sozo*], y fue sanado (Hechos 14: 8-10).

El Poder Salvador de Jesucristo

Santiago 5:15 es un ejemplo clásico del poder salvador de Dios manifestándose en nuestra vida tanto en la sanidad como en el perdón de los pecados.

Y la oración de fe salvará [sozo] al enfermo, y el Señor lo levantará; y si hubiere cometido pecados, le serán perdonados.

En otra ocasión, Jesucristo captó los pensamientos de los escribas y de los fariseos, así que preguntó:

*Entonces Jesús les dijo: Os preguntaré una cosa:
¿Es lícito en día de reposo hacer bien, o hacer mal?
¿salvar [sozo] la vida, o quitarla?*

LUCAS 6:9

Cuando ellos no contestaron, Él se volteó y sanó al hombre que tenía seca la mano derecha (Lc. 6:8-11). Jesucristo no estaba hablando del perdón de los pecados. Él se refería a la salud del cuerpo.

Ser Hecho Sano

Esta misma palabra—*sozo*—también se tradujo como "**quedar sana (o)**" con referencia a la sanidad. Considera el ejemplo de la mujer que padecía de hemorragias:

*Jesús se dio vuelta, la vio y le dijo: —¡Ánimo, hija!
Tu fe te ha sanado. Y la mujer quedó sana [sozo] en
aquel momento.*

MATEO 9:22 NVI®

Con fe, ella tocó el borde de Su manto y fue sanada. Ella *sozo*—quedó sana. Ésta es la misma palabra griega que es sinónimo de perdón del pecado. Aquí una vez más, se aplica a ser sanado físicamente.

Este mismo caso, registrado en el libro de Marcos, revela que justo antes de que ella tratara de tocar a Jesucristo, ella dijo:

"Si logro tocar siquiera su ropa, quedaré sana [sozo]."

MARCOS 5:28

Sozo se tradujo como "**ser sanado (a)**" o como "**quedar sano (a)**" once veces en las Escrituras. Es obvio según la Palabra de Dios que la salvación no solamente abarca el perdón de los pecados.

Y dondequiera que iba, en pueblos, ciudades o caseríos, colocaban a los enfermos en las plazas. Le suplicaban que les permitiera tocar siquiera el borde de su manto, y quienes lo tocaban quedaban sanos [sozo].

MARCOS 6:56

Cuando Jesucristo escuchó la noticia de que la hija de Jairo había fallecido, Él le contestó:

No tengas miedo; cree nada más, y ella será sanada [sozo].

LUCAS 8:50

El Señor se estaba refiriendo a la salud del cuerpo físico de la muchacha.

Abastecidos con Abundancia

La salvación no solamente abarca el perdón de los pecados, también incluye la sanidad del cuerpo, la liberación, y la prosperidad en el área del dinero. La iglesia moderna ha interpretado la salvación como si solamente fuera el perdón de los pecados, pero ésa es una distorsión de lo que el Señor hizo. Ciertamente el perdón de nuestros pecados es la parte central, y no lo estoy minimizando. Sin embargo, al mismo tiempo que Cristo murió para comprar nuestra redención del pecado, también nos liberó de la enfermedad, las dolencias, la depresión, y de la pobreza.

2 Corintios 8:9 es un versículo muy claro en relación a la expiación y a nuestra redención de la pobreza:

Porque ya conocéis la gracia de nuestro Señor Jesucristo, que por amor a vosotros se hizo pobre, siendo rico, para que vosotros con su pobreza fueseis enriquecidos.

Jesucristo se hizo pobre para que a través de Su pobreza nosotros fuéramos enriquecidos—abastecidos con abundancia. A través de la muerte, la sepultura, y la resurrección de Cristo, Dios ha provisto a todas nuestras necesidades en esta vida y en la vida por venir—el perdón de los pecados, la sanidad, la liberación, y la prosperidad. ¡Qué bueno es Dios!

CAPÍTULO 4
Un Paquete con Todo Incluido

JESUCRISTO NO MURIÓ solamente por nuestros pecados, dejando a la sanidad como algo extra que Él podría hacer si así lo quería. ¡No! Cristo pagó totalmente tanto por la sanidad de nuestro cuerpo como por el perdón de nuestros pecados. Él lo compró todo al mismo tiempo con Su expiación. Esto puede ser diferente de lo que gran parte de la iglesia contemporánea presenta, pero las Escrituras lo confirman.

Considera el Salmo 103, que dice:

> *Bendice, alma mía, a Jehová, y bendiga todo mi ser su santo nombre. Bendice, alma mía, a Jehová, y no olvides ninguno de sus beneficios. Él es quien perdona todas tus iniquidades, el que sana todas tus dolencias.*
>
> **SALMO 103:1-3**

El segundo versículo específicamente nos dice que no olvidemos NINGUNO de Sus beneficios. El Señor perdona todas nuestras iniquidades y sana todas nuestras dolencias (v. 3). En el Nuevo Testamento, 1 Pedro 2 lo corrobora, diciendo:

> *Quien llevó él mismo nuestros pecados en su cuerpo sobre el madero, para que nosotros, estando muertos a los pecados, vivamos a la justicia; y por cuya herida fuisteis sanados.*
>
> **1 PEDRO 2:24**

Tanto el Salmo 103:3 como 1 Pedro 2:24 mencionan dos beneficios de la salvación, el perdón de pecados y la sanidad física, juntos, en el mismo versículo. La Escritura no divide lo que Jesucristo hizo en la expiación. Sólo los hombres hacen eso. Por lo que se refiere a Dios, la salvación es un paquete con todo incluido.

¿Beneficios Marginales?

Es la gente la que ha dicho: "No hablemos de la sanidad, la liberación, ni de la prosperidad. Enfoquémonos en el perdón de los pecados. Ésa es el área sobre la que todos estamos de acuerdo. Ésa es la parte principal de la expiación. Todas las otras cosas son beneficios marginales". ¿Beneficios marginales? ¡Yo creo que eso ofende a Dios!

Si yo hubiera hecho por ti lo que Jesucristo hizo por nosotros, seguramente no me haría feliz que tú lo descompusieras en partes. Si yo hubiera hecho todas esas cosas por ti—morir para que tus pecados sean perdonados, sufrir heridas en mi cuerpo para producir sanidad para ti, soportar la separación de Dios mi Padre para que tú nunca sufras separación, hacerme pobre para que tú puedas ser enriquecido—y tú me salieras con lo siguiente: "Gracias por lo que hiciste, pero solamente voy a tomar una cuarta parte. Por lo tanto no voy a aprovechar la sanidad para mi cuerpo, ni la liberación de la opresión demoníaca, ni la bendición en el área del dinero. Yo no quiero esas cosas. Tú hiciste más de lo necesario por mí, por lo tanto me voy a llenar de humildad y solamente voy a tomar una cuarta parte de lo que hiciste". Eso no me agradaría. Haría que me preguntara "¿De qué sirvió que yo sufriera por estas otras cosas si tú no las vas a aprovechar?"

De tal manera amó Dios al mundo, que entregó a Su Hijo unigénito. No fue sólo para que la gente no se fuera al infierno. Jesucristo nos salvó del pecado, la enfermedad, las dolencias, y la pobreza. Él se entregó a Sí mismo como el perfecto sacrificio expiatorio "para librarnos del presente siglo malo" (Ga. 1:4).

Si yo hubiera sufrido, derramado mi sangre, muerto, y resucitado para darte todas esas cosas, no me agradaría que tú solamente aprovecharas una pequeña porción. Si yo pudiera ser como Dios, no es descabellado suponer que a pesar de tu actitud yo te amaría, pero no me agradaría. No estoy diciendo que Dios está enojado con la gente, pero estoy seguro que a Él lo desilusiona el hecho de que Él proveyó todo esto para nosotros y muchos de nosotros simplemente no lo estamos aprovechando.

Esencialmente, el Cristianismo ha predicado: "El perdón de los pecados es lo único por lo que Jesucristo pagó. Por supuesto, como Dios es Dios, Él podría sanar a alguien si quisiera, pero eso es secundario. Es algo extra. No es parte del paquete básico". No, la Palabra de Dios claramente revela que la sanidad es una parte integral del paquete de la salvación. ¡La sanidad es parte de la expiación tanto como el perdón de los pecados!

Peleando Activamente

Cuando tú tengas esta revelación firmemente establecida en tu corazón, rechazarás la enseñanza falsa que dice: "Dios es el responsable de que la gente se muera. Él te impone una enfermedad para llenarte de humildad porque tiene algún propósito redentor y quiere perfeccionarte a través de todo este sufrimiento". ¡No! Jesucristo murió por el perdón de tus pecados y por la salud de tu cuerpo. Todo esto es parte de una expiación completa y acabada. Esto significa que así como Jesucristo no te daría una enfermedad, tampoco te conduciría a pecar. Cuando tú obtengas esta actitud, tú dirás: "No me someteré a la enfermedad como tampoco cederé ante el pecado". Una vez que adoptes esta mentalidad, tú empezarás a ver que la sanidad se manifiesta en tu cuerpo.

Una de las razones por la que la gente no ve niveles más altos de salud es porque no están comprometidos con esto. Aceptan la enfermedad pensando: "Bueno, esto es natural". O lo que es peor, muchas veces reciben este mensaje: "Dios es el que te está dando una enfermedad".

Santiago 4:7 dice:

Someteos, pues, a Dios; resistid al diablo, y huirá de vosotros.

La palabra "**resistir**" significa "luchar activamente en contra de algo". ¿Cómo puedes luchar activamente en contra del diablo—y de la enfermedad, las debilidades, las dolencias que provienen de él—si piensas que Dios es el que las está mandando? Si Satanás te convence de que el Señor quiere que estés enfermo, entonces tú no pelearás enérgicamente en su contra. Tú podrás suplicar y rogar para que Dios te libere, pero tú no pelearás en contra de la enfermedad hasta que sepas que Dios no es el autor de ésta. Si tú no crees que Jesucristo compró la sanidad como parte de Su expiación, entonces no opondrás resistencia a la enfermedad ni a las dolencias. Si no estás persuadido en tu corazón de que Dios quiere que estés sano, tú podrás pedir que Dios te libere de la enfermedad, pero no pelearás activamente en contra de la enfermedad ni perseverarás en una actitud de fe para ser sano.

¡Tú necesitas adoptar la misma actitud en relación a la enfermedad que en relación al pecado! No te estoy condenando si te enfermas, como tampoco te condenaría si pecaras (Ro. 8:1-2). Los Cristianos estamos redimidos del pecado. El poder del pecado ha sido quebrantado en relación a nosotros, y nosotros estamos muertos al pecado (Ro. 6:11-14). No deberíamos estar viviendo en pecado, pero si lo estamos haciendo hay perdón. Existe la gracia si pecas, así que no te estoy condenando. Todo Cristiano vuelto a nacer ha tenido que vivir siendo consciente de que no hemos vivido de a cuerdo a lo que quisiéramos, y yo no te estoy condenando por eso. Tampoco estoy condenando a un Cristiano por el hecho de estar enfermo. Sin embargo, sí estoy condenando la actitud que dice: "Dios quiere que tengamos enfermedades". No, esa actitud está tan mal como decir: "Dios quiere que pequemos". No, eso está mal. Jesucristo nos redimió del pecado y al mismo tiempo nos redimió de la enfermedad.

Ahora bien tú podrías aprender algo si te da por pecar. Podrías consumir drogas, dañar tu mente, hacer cosas tontas, incurrir en accidentes automovilísticos, y en consecuencia ser arrestado. Podrías emborracharte, cometer perversiones e inmoralidades, o adquirir una enfermedad sexual transmisible. Tú puedes aprender a golpes que hacer esa clase de cosas es tonto y que hay cosas mucho mejores que podrías hacer, pero eso no significa que Dios quería que te emborracharas, que tuvieras un accidente automovilístico, y que mataras a alguien para enseñarte que deberías avivar tu relación con Él. Tú podrías aprender a través de experiencias como esas, pero ¿era Dios el que quería que hicieras eso? No. Nadie diría: "Dios hizo que me emborrachara, que me intoxicara con drogas, y que matara a una persona, para que Él pudiera llenarme de humildad". Nosotros no diríamos eso porque reconocemos que Jesucristo murió para liberarnos del pecado.

Oprimidos por el Diablo

Así como Jesucristo murió para liberarte del pecado, también murió para liberarte de la enfermedad. Así como Cristo no te guía al pecado, tampoco te impone ninguna dolencia o enfermedad. ¡Dios no es el autor de la enfermedad que te ataca!

En el libro de Hechos capítulo 10, Pedro estaba predicando el Evangelio a Cornelio y a su familia. Él resumió la vida y el ministerio de Jesucristo diciendo:

> *Dios ungió con el Espíritu Santo y con poder a Jesús de Nazaret, y éste anduvo haciendo bienes y sanando a todos los oprimidos por el diablo, porque Dios estaba con él.*

HECHOS 10:38

Date cuenta de que la Palabra dice que el que Jesucristo anduviera sanando a la gente fue algo bueno. Hoy en día, algunas iglesias religiosas piensan que es del diablo la gente que ora por otros y que dice sanarlos. Eso es contrario a lo que la Palabra de Dios dice aquí en este verso. La Biblia declara que, el hecho de que Jesucristo sanara al enfermo, era algo bueno y que le daba gloria a Dios. Las cosas que le dan gloria a Dios y que acercan a la gente hacia Él no son del diablo. Satanás no anda por allí sanando a la gente.

Jesucristo anduvo haciendo el bien—sanando a todos los oprimidos por el diablo. Date cuenta que ellos eran oprimidos por el diablo, no por Dios. Dios no es el autor de la enfermedad, el padecimiento, ni la dolencia.

La Profecía se Cumple

Isaías profetizó poderosamente de la venida del Mesías en el capítulo 53 del libro que lleva su nombre, diciendo:

Despreciado y desechado entre los hombres, varón de dolores, experimentado en quebranto; y como que escondimos de él el rostro, fue menospreciado, y no lo estimamos. Ciertamente llevó él nuestras enfermedades, y sufrió nuestros dolores; y nosotros le tuvimos por azotado, por herido de Dios y abatido. Mas él herido fue por nuestras rebeliones, molido por nuestros pecados; el castigo de nuestra paz fue sobre él, y por su llaga fuimos nosotros curados.

ISAÍAS 53:3-5

Anteriormente en mi vida, yo siempre escuché este pasaje distorsionado y malinterpretado como si dijera: "Esto no está hablando de la sanidad física. Solamente está hablando de la sanidad emocional y espiritual. Simbólicamente, todos somos unos lisiados que andamos cojeando por la vida por el daño que el pecado nos ha causado. Jesucristo vino a liberarnos de eso". Sin embargo, si tú estudias los significados en el lenguaje original (el Hebreo) de las palabras usadas aquí, especialmente en el versículo 4, verás que éstos claramente se refieren a la sanidad física.

Es más, Mateo 8 describe a Jesús cumpliendo de hecho esta profecía de Isaías 53:4.

*Y cuando llegó la noche, trajeron a él muchos endemoniados; y con la palabra echó fuera a los demonios, y sanó a todos los enfermos; para que se cumpliese lo dicho por el profeta Isaías, cuando dijo: El mismo tomó nuestras enfermedades, y llevó **nuestras** dolencias.*

MATEO 8:16-17

Fíjate cómo Mateo en el Nuevo Testamento inspirado por el Espíritu Santo, vuelve a reiterar que Jesucristo tomó nuestras enfermedades y nuestras dolencias. Este versículo deja claro que Isaías no estaba hablando de sanidad espiritual y emocional. Por supuesto, la sanidad espiritual y emocional están incluidas en los beneficios de nuestra salvación, pero estos versículos están hablando de la sanidad física de nuestros cuerpos. El contexto en Mateo comprueba esto. El que Jesucristo sacara esos demonios y sanara a todos los que estaban enfermos, es considerado por la Biblia como el cumplimiento de la profecía de Isaías.

A la luz de mateo 8:16-17, es claro que cuando Isaías 53: 4-5 dice que Él llevó nuestras enfermedades y nuestras dolencias, y que por Su llaga fuimos curados, no solamente se está refiriendo a alguna clase de sanidad espiritual o emocional; está hablando de la sanidad física de nuestros cuerpos. El comentario de Mateo 8 acerca de Isaías 53 verifica esta poderosa verdad.

Partir en Rebanadas la Expiación

Ya hemos visto muchos versículos que muestran claramente a la sanidad física como una parte importante de la expiación de Cristo. Puesto que ésta es parte de aquello por lo que Jesucristo derramó Su sangre, murió, y resucitó, entonces no es opcional. Por eso es incorrecto decir: "No debemos predicar sanidad. Vamos a enfocarnos en el perdón de los pecados". Eso es partir la expiación en diferentes rebanadas y decir: "Algunas partes de lo que Jesucristo hizo son importantes y otras no lo son". No es verdad. Todo lo que Jesucristo hizo por nosotros—todo aquello por lo que Él sufrió, murió, y se levantó de entre los muertos—es importante.

No estamos honrando al Señor cuando escogemos a nuestro gusto, y presentamos una imagen incompleta del mensaje que Él verdaderamente quiere que comuniquemos. No estamos glorificando a Dios cuando ignoramos, descuidamos, y/o ponemos en duda una parte importante de todo el paquete de salvación que Él ha proveído. Hemos hecho del mensaje del Evangelio algo irrelevante para muchas personas; porque les hemos enseñado a verlo como algo que sólo se aplica al más allá. Esas personas perciben la salvación como algo que no tiene relevancia en los asuntos del presente, y eso es totalmente incorrecto.

CAPÍTULO 5
La Enfermedad y el Pecado

SIEMPRE ES LA voluntad de Dios sanarnos. Sabemos esto porque Jesucristo solamente hizo lo que Él vio hacer a Su Padre.

> *Respondió entonces Jesús, y les dijo: De cierto, de cierto os digo: No puede el Hijo hacer nada por sí mismo, sino lo que ve hacer al Padre; porque todo lo que el Padre hace, también lo hace el Hijo igualmente.*

> **JUAN 5:19**

Y Dios Hijo es "la imagen misma" de Dios Padre.

> *El cual, siendo el resplandor de su gloria, y la imagen misma de su sustancia, y quien sustenta todas las cosas con la palabra de su poder, habiendo efectuado la purificación de nuestros pecados por medio de sí mismo, se sentó a la diestra de la Majestad en las alturas.*

> **HEBREOS 1:3**

La palabra griega que se tradujo como **"la imagen misma"** habla de una copia idéntica o de una representación perfecta. Por lo tanto, la Palabra de Dios revela que Jesucristo es la copia exacta y la representación perfecta de Su Padre. Él solamente habló de aquello que escuchó de Su Padre, y solamente hizo lo que vio hacer a Su Padre. Por lo tanto, podemos estar seguros que para determinar cuál es la voluntad de Dios en relación a la sanidad, lo que tenemos que hacer es observar la vida de Jesucristo.

Una Representación Perfecta

En los Evangelios no hay ni un ejemplo donde Jesús le haya infligido una enfermedad a alguien. La iglesia contemporánea que predica: "Dios enferma a la gente", está dando una representación de Dios que es totalmente la contraria de la representación perfecta de Cristo; totalmente la opuesta a la imagen exacta que Jesús nos dio de Su Padre. Ni una sola vez Jesucristo hizo que alguien se enfermara. Ni una sola vez Él se negó a sanar a alguien. Ahora bien, hay un par de veces donde alguien se negó a recibir sanidad de parte de Él, pero no fue porque Jesucristo no haya querido ministrársela. Ellos no quisieron recibirla (voy a abundar en esto más adelante). No hay ni un ejemplo donde Jesucristo haya dicho: "No, Dios quiere que estés enfermo". Él nunca impuso manos sobre alguien para infligirle una dolencia o una enfermedad. Ésa no es la manera como Jesucristo representó a Dios Padre.

Hay diecisiete ejemplos en los Evangelios de que Jesucristo sanó a todos los enfermos que estaban presentes. Hay otros cuarenta y siete casos donde Cristo sanó por lo menos a una o a dos personas a la vez (véase la sección **¿Siempre es la Voluntad de Dios Sanar a la Gente?** al final de este libro). Pero tú no puedes encontrar ni siquiera un caso donde Jesucristo se negó a sanar a alguna persona o donde Él le infligió una enfermedad a alguien.

> *Dios ungió con el Espíritu Santo y con poder a Jesús de Nazaret, y éste anduvo haciendo bienes y sanando a todos los oprimidos por el diablo, porque Dios estaba con él.*
>
> **Hechos 10:38**

Dios no es el autor de la enfermedad—Él es al autor de la sanidad.

¿Bendición o Maldición?

Inclusive en la ley del Antiguo Testamento, la enfermedad, las debilidades, y las dolencias nunca se consideraron como "bendiciones". Deuteronomio 28:1-14 enumera las bendiciones prometidas a aquellos que observaran los mandamientos de Dios, y el capítulo 28 en los versículos 16 al 68 describe las maldiciones que vendrían sobre los que no lo hicieran.

Ahora bien, tú tienes que comprender que hoy estamos en el Nuevo Pacto. Nosotros no tenemos que observar toda la ley del Antiguo Testamento para poder recibir las bendiciones de Dios. Jesucristo nos redimió de la maldición de la ley para que las bendiciones pudieran venir sobre nosotros a través de la fe en Él.

Cristo nos redimió de la maldición de la ley, hecho por nosotros maldición (porque está escrito: Maldito todo el que es colgado en un madero) para que en Cristo Jesús la bendición de Abraham alcanzase a los gentiles, a fin de que por la fe recibiésemos la promesa del Espíritu.

GÁLATAS 3:13-14

Por lo tanto, en Cristo por la fe tenemos acceso a las bendiciones enumeradas en Deuteronomio 28, y en Cristo hemos sido redimidos y liberados de las maldiciones enumeradas en Deuteronomio 28. Por otra parte, este capítulo inclusive nos muestra lo que Dios considera como "bendiciones" y "maldiciones".

Imagínate un pizarrón con una línea vertical dibujada a la mitad que lo divide en dos columnas. En la parte de arriba de la columna de la izquierda está la palabra, "Bendiciones". En la parte de arriba de la columna de la derecha está la palabra, "Maldiciones". De acuerdo a Deuteronomio 28, la salud estaría en la lista del lado izquierdo, en la columna de las bendiciones, y la enfermedad estaría en la lista del lado derecho, en la columna de las maldiciones. Sin embargo hoy por hoy mucha gente en la iglesia invierte esto, diciendo: "Pues sí.

Verdaderamente es una bendición que Dios me haya mandado esta enfermedad". Eso no es verdad.

Obstáculos en el Camino

Ahora bien, ¿puede haber buenos resultados cuando la gente se enferma? Seguro. Es como la persona que aprendió algo por los duros golpes del pecado. Mientras estaba haciendo algo terriblemente malo, de repente reflexiona: "¡Qué lio, mi vida está totalmente desequilibrada. Soy un desastre. A lo mejor hasta estoy endemoniado. Necesito acercarme a Dios!" Así que clama a Dios con fe, recibe salvación, y es liberada. De hecho he hablado con individuos que estando en la prisión por asesinato y habiendo sido condenados a muerte, se acercaron al Señor y fueron vueltos a nacer. Varios presos que están en esta situación han escuchado mis programas de radio y me han escrito. Dios usó lo que estaba sucediendo en sus vidas para llevarlos al fin de sus fuerzas y hacer que fueran vueltos a nacer. Ahora toda su vida ha cambiado, y ellos son gloriosamente salvos y están sirviendo a Dios. Estoy seguro que puedes imaginarte que esto podría suceder, pero ¿es correcto decir que el Señor hizo que ellos cometieran ese asesinato? No, ése no fue Dios. Puedo garantizarte que el Señor trató de ponerles límites y obstáculos en su camino.

Dios trató de evitar que dos adolescentes hicieran lo que hicieron en la *Columbine High School*. Ellos mataron a doce de sus compañeros, un maestro, y luego se mataron a sí mismos, no sin antes herir a otras veintitrés personas. Uno de esos adolescentes estuvo en un estudio Bíblico para jóvenes una semana antes de que hiciera lo que hizo. El ministro que estaba a cargo del estudio Bíblico recibió una palabra de conocimiento del Señor, interrumpió el estudio, y dijo: "Alguno de los presentes está pensando en suicidarse o en matar a otra persona". Él estuvo esperando por varios minutos y pidiendo que esa persona respondiera, pero ésta no lo hizo. A la semana siguiente este muchacho, junto con otro, cometió la locura de matar a todas esas personas. Dios estaba poniendo un obstáculo en los designios de ese adolescente. Dios se estaba ocupando de él y estaba tratando de hacer que desistiera de lo que estaba pensando hacer. No fue Dios el que lo llevó a matar a toda esa gente, y luego a suicidarse y condenarse al infierno. No, Dios trató de detenerlo.

Por otra parte, ha habido otras personas que también han llegado al grado de matar a alguien, pero posteriormente en algún momento se acercaron al Señor con arrepentimiento y con fe. El Señor puede usar hasta las cosas que el diablo hace en nuestras vidas, pero eso no significa que Él las haya provocado.

Igualmente, Satanás ha hecho que la gente se enferme, tenga dolencias, y males. Sin embargo, cuando estas personas se encuentran en estas situaciones terribles, claman a Dios, acercándose a Él con todo el corazón, y Él contesta sus oraciones. Después de haber sido salvo de una manera gloriosa, el ser humano podría darse cuenta de que antes era una persona egoísta. Que a él no le importaban ni Dios ni otras personas. A través de su enfermedad él podría aprender algunas lecciones importantes, y por eso equivocadamente empieza a decir que fue Dios el que le dio esa enfermedad. Dios no infligiría a nadie una enfermedad para llenarlo de humildad, como tampoco lo haría que matara a alguien para llenarlo de humildad.

Resiste a la Enfermedad

La sanidad es parte de la expiación de Cristo tanto como el perdón de los pecados. De la misma manera como yo debería resistir al pecado, así debería resistir a la enfermedad. No debería aceptar las dolencias ni la enfermedad como tampoco debería decir: "Pues bien, Dios. Yo sé que Tú podrías ayudarme a que no pecara, pero no estoy seguro si Tú no quieres que yo peque. A lo mejor Tu voluntad es que yo peque". Nadie defendería esa clase de actitud; sin embargo el Cristianismo contemporáneo hace precisamente eso con respecto a la sanidad. "Dios, sabemos que Tú puedes si es Tu voluntad. Te pedimos que nos sanes", y lo dejan al tiempo. Si sanan, entonces seguramente era la voluntad de Dios. Si no sanan, entonces seguramente no era la voluntad de Dios. Eso está tan mal como si una persona ora así: "Dios, si Tú no quieres que cometa adulterio, entonces detenme". Si no comete adulterio, dice: "Gracias Dios, porque me detuviste". Pero si lo hace, entonces dice: "Seguramente era la voluntad de Dios que yo cometiera adulterio". Nunca diríamos eso porque el adulterio es pecado. Pero la enfermedad es considerada como algo opcional. No, la sanidad ya ha sido pagada y está disponible tanto como el perdón de los pecados. Por lo tanto, deberíamos odiar la enfermedad y las dolencias tanto como odiamos el pecado.

Mientras puedas tolerar la enfermedad, la tolerarás. Mientras puedas tolerar el pecado, lo tolerarás. Pero una vez que llegas al punto de decir: "No voy a vivir así, no lo haré. Prefiero morir antes de estar dispuesto a hacer algo así"; una vez que llegas a ese punto, empezarás a ver que el pecado disminuye en tu vida. Una vez que tú obtengas esta actitud: "Ya no voy a aguantar esta enfermedad, esta dolencia, ni este padecimiento, los resisto en el nombre de Jesucristo", empezarás a ver que la sanidad se manifiesta en tu vida.

Por supuesto, hay mucho más que decir. Entre otras cosas, hay leyes que gobiernan la sanidad. Hay mucho por aprender sobre cómo recibir sanidad de parte de Dios, pero esto tiene que ser tu fundamento: **La sanidad está incluida en la expiación de Cristo.**

La Voluntad de Dios es Clara

Estoy obteniendo muchas victorias en el área de la sanidad en lo personal y también cuando ministro a otros. A menos que estés obteniendo mejores resultados, deberías considerar estas verdades que estoy compartiendo. La siguiente es una verdad fundamental que hace que todo lo demás funcione: así como Jesucristo llevó nuestras heridas en Su cuerpo para sanar nuestros cuerpos, así murió para perdonar nuestros pecados.

Sin excepción, todas las personas que he analizado que han tenido el poder de Dios manifestado en sus vidas y ministerios con regularidad, han tenido esta misma creencia fundacional. No estoy hablando de alguien que sólo de vez en cuando ve una sanidad. Hasta una ardilla ciega se puede encontrar una nuez de vez en cuando. Estoy hablando de las personas que están viviendo con salud divina y que con regularidad ven milagros de sanidad. Cada uno de ellos ha creído que la sanidad es parte de la expiación del Señor Jesucristo. Ellos creen que la voluntad de Dios siempre es sanar a la gente, así como que Su voluntad siempre es salvar.

Mientras no adoptes esta actitud, Satanás podrá hacerte pasivo. Tú tienes que resistir—pelear activamente—al diablo para que él huya de ti (Stg. 4:7). Tú tienes que comprender y creer que la sanidad es de Dios y la enfermedad de Satanás. Una vez que establezcas esta clara diferencia en tu corazón, debes resistir al diablo—y toda enfermedad, dolencia, y mal que te mande. Tú no puedes decir pasivamente: "Señor, si es tu voluntad, sáname". Tú debes estar persuadido en tu corazón de la verdad de la Palabra de Dios en relación a la sanidad, y luego resistir al diablo activamente.

La Palabra de Dios es Su voluntad, y es muy clara:

Amado, yo deseo que tú seas prosperado en todas las cosas, y que tengas salud, así como prospera tu alma.

3 JUAN 2

¡Dios quiere que estés sano!

CAPÍTULO 6
Una Excusa

LA SANIDAD ES parte de la expiación de Cristo. No es un asunto aparte de la salvación. La misma palabra griega que se tradujo como salvación más de cien veces en el Nuevo Testamento también se tradujo como sano y salvo en relación a la sanidad del enfermo. La intención de Dios nunca fue que lo que Jesucristo logró a través de Su muerte, sepultura, y resurrección fuera dividido y separado en varios elementos.

Algunas personas han dicho: "Vamos a aceptar el perdón de los pecados, pero vamos a rechazar la sanidad, la prosperidad, y la liberación". No, de hecho la salvación es un paquete con todo incluido. Está mal que la iglesia presente la sanidad como un beneficio marginal, como algo que "podría suceder, pero que definitivamente no es parte de nuestra salvación; del Señor depende la decisión de sanar o no a alguien". La voluntad de Dios es tanto sanarte como perdonarte. Así como Él quiere que tú resistas la enfermedad y las dolencias, así mismo quiere que resistas el pecado.

Parte del Pecado Original

Con frecuencia me he preguntado qué razón tendría alguien para pelear en contra de la sanidad. Parece que estar sano es un deseo universal. Considera el esfuerzo que la gente pone para que sus cuerpos estén sanos. Gastan enormes cantidades de dinero en consultas con el doctor, medicinas, y operaciones. La cantidad de medicamentos que se consume en la sociedad de nuestros días es enorme. La gente está consumiendo estas drogas que producen toda clase de efectos secundarios. He visto anuncios en la televisión de diferentes medicinas que causan toda clase de efectos secundarios, que me han hecho pensar en mi interior: "Yo preferiría estar enfermo que tener todos esos efectos secundarios". Sin embargo muchas personas los aguantan. Toman la radiación y quimioterapia que hacen que se les caiga el cabello. Toman medicinas que les producen inflamación. A algunas personas literalmente les cortan partes del cuerpo con el propósito de que puedan seguir viviendo. ¡A nadie le gusta la enfermedad!

Hasta a los hipocondriacos les disgusta la enfermedad. Puede ser que tengan un miedo a la enfermedad que los atraiga a la misma y haga que se obsesionen con ésta, pero no les gusta la enfermedad. De manera universal la gente odia la enfermedad y las dolencias.

Eso es porque Dios no creó a la humanidad para que muriera. La muerte fue algo que el hombre escogió, pero no fue algo que Dios haya escogido. Originalmente el Señor se propuso que nuestros cuerpos vivieran para siempre. De hecho he leído algunos reportes médicos que dicen que el cuerpo es capaz de sanarse y repararse a sí mismo. La ciencia de la medicina verdaderamente no puede comprender por qué el cuerpo no vive para siempre. Por supuesto que hay invasores, como los gérmenes y los virus, pero tenemos la capacidad de vencerlos. El plan original de Dios para nosotros era que nunca estuviéramos enfermos. La enfermedad no era parte del plan original de Dios—era parte de lo que sin saber escogimos con el pecado original.

Dios al crearnos puso en nuestro interior el deseo de ser sanos. A la gente no le gusta la enfermedad. A Dios tampoco le gusta. Entonces ¿por qué algunas personas pelean en contra de que Dios sea nuestro sanador? De hecho, si crees que el Señor sana hoy, te dirán: "Tú eres del diablo", ¿por qué argumentaría alguien eso cuando en realidad la salud es un deseo y una necesidad universal? Todo el mundo quiere estar sano. ¿Por qué habríamos de atribuirle a Dios el querer para nuestra salud algo por abajo de lo mejor?

También hay otras expresiones menos graves de esta misma actitud. Posiblemente estas personas no dirían que tú eres del diablo si tú crees en la sanidad. A lo mejor no te rechazarían porque impones manos en los enfermos creyendo que sanarán (Mr. 16:18). Pero seguramente dirían: "No es la voluntad de Dios sanar a la gente todas las veces". ¿Por qué pensarían eso? Ya he comprobado en los primeros capítulos de este libro que la sanidad es parte de la expiación. Dios proveyó la sanidad para nuestros cuerpos tanto como—y al mismo tiempo que—el perdón de nuestros pecados. Siendo esto tan obvio, ¿por qué la gente pelea en contra de la sanidad?

Una Raíz Común

Aunque hay muchas razones por las que la gente tiene prejuicios, está predispuesta, y enseña en contra de la sanidad, creo que todas proceden de una raíz común. La razón por la que la gente se resiste a aceptar la verdad que dice que la sanidad es parte de la expiación y que siempre es la voluntad de Dios sanar a la gente es que les es conveniente pensar de esta manera. A lo mejor hay algunas personas sinceras que han recibido una enseñanza equivocada, pero la esencia de la enseñanza que está en contra de la sanidad es su carácter de excusa; elude la responsabilidad que pasa a ser nuestra cuando aceptamos que Dios nos quiere sanos.

Si el Señor ya ha proveído sanidad para nosotros, y es obvio que no todos somos sanos, entonces surge la siguiente pregunta: "¿Por qué no estamos sanos todos?" Si Dios quiere que estemos sanos, y no lo estamos, esto significa que tenemos que aceptar algún grado de responsabilidad. Voy a tratar este tema más adelante en este libro cuando hable de por qué no todos son sanos. Sin embargo, por ahora tenemos que darnos cuenta de que debemos aceptar algo de responsabilidad. Con frecuencia, en un esfuerzo para evadir la responsabilidad y la culpa, simplemente decimos: "Bueno, seguramente no era la voluntad de Dios". Eso no es verdad.

Algunas personas argumentan: "Si Dios quisiera sanar a alguien, esa persona sanaría sin importar si tú o yo oramos por ella o no". Eso tampoco es verdad. Considera el perdón de los pecados. La Palabra de Dios dice que…

*El Señor no retarda su promesa, según algunos la
tienen por tardanza, sino que es paciente para con
nosotros, no queriendo que ninguno perezca, sino
que todos procedan al arrepentimiento.*

2 PEDRO 3:9

Más claro, ni el agua. La voluntad de Dios es que la gente
sea salva. Sin embargo no todo el mundo es salvo. Jesucristo mismo
profetizó que la mayoría escogería el camino espacioso que lleva a la
perdición en lugar del camino angosto que lleva a la vida eterna.

*Entrad por la puerta estrecha; porque ancha es la
puerta, y espacioso el camino que lleva a la perdición,
y muchos son los que entran por ella; porque estrecha
es la puerta, y angosto el camino que lleva a la vida,
y pocos son los que la hallan.*

MATEO 7:13-14

La voluntad de Dios en relación a la salvación no se realiza
automáticamente. Él no quiere que nadie perezca, sino que todos
procedan al arrepentimiento y a recibir conocimiento sobre Él. El
Señor no quiere que ninguno se muera y se vaya al infierno, pero
Él nos dio libre albedrío. La gente se va al infierno porque rechaza
la provisión de Dios. Algunos la rechazan con insolencia, en abierta
rebelión en contra del Señor. Otros la rechazan porque han recibido
una enseñanza equivocada, que los está haciendo confiar en sus
buenas obras: como asistir a la iglesia, tener una buena moral, o dar
el diezmo (Ro. 10:2-3). Aunque han sido engañados, aun así son sus
decisiones las que los hicieron perder esa provisión.

Acepta la Responsabilidad

Dios no quiere que ninguno se vaya al infierno, pero algunos se
van. Él no quiere que ninguno se enferme, pero algunos se enferman.
Desde luego, algunas personas son totalmente rebeldes en relación
al Señor y a Sus caminos, y están cosechando lo que han sembrado.

Sin embargo, hay otras personas que desean ser sanos y no lo logran. Es porque ellos no comprenden la manera correcta para recibir la sanidad. Algunas personas piensan que ser una buena persona, asistir a la iglesia, y ser bautizado en agua siendo niño producirá la salvación en sus vidas. A lo mejor son sinceros, pero están sinceramente equivocados. Aunque la voluntad de Dios no es que perezcan, la gente está pereciendo. Tampoco es la voluntad de Dios que la gente esté enferma, sin embargo lo está. Ellos no saben cómo recibir.

Nuestra responsabilidad es comprender y aceptar nuestra parte. Es nuestra deficiencia, no la de Dios, la que manda a la gente al infierno y hace que la gente esté enferma. La raíz de lo que hace que la gente peleé en contra de la sanidad, es nuestra deficiencia para aceptar esta responsabilidad. Nosotros no queremos aceptar la responsabilidad. No queremos confrontar la verdad de que como creyentes en Cristo pudimos haber hecho algo para evitar que ese ser querido sufriera la enfermedad y la muerte.

No estoy diciendo que sea directamente nuestra culpa, aunque podría serlo en algunos casos. Con frecuencia no es el pecado de un individuo lo que trae la enfermedad y las dolencias, sino el pecado de la humanidad, el mismo que ha corrompido a este mundo. Es el pecado el que originó los gérmenes y los virus, el moho y las infecciones, y cosas como esas que nunca fueron parte del plan original de Dios para la humanidad. Son una distorsión de la naturaleza que sucedió a través del pecado, y no son el resultado del pecado individual, sino del pecado colectivo que ha corrompido a todo el sistema. Aunque a lo mejor no es algo que hicimos individualmente lo que ocasionó la enfermedad, siempre hay algo que podemos hacer individualmente para vencer esa distorsión y para vivir una vida llena de salud.

No es la Voluntad de Dios

En los primeros años de la década de 1970, pastoreé una iglesia en un pueblo pequeño en Texas. Una pareja en esta iglesia tenía un hijo que al nacer había sido afectado de mongolismo. (No lo digo en forma despectiva. Yo sé que ya no usamos ese término, pero es el que empleaban sus padres. Yo solamente estoy repitiendo lo que ellos dijeron). Ella era una mujer muy pequeñita, y ellos estaban viviendo en Guatemala cuando el bebé nació. Ella dio a luz a este bebé camino al hospital y eso le causó un daño cerebral. Como el bebé había nacido afectado de mongolismo, su sistema inmune era deficiente. El doctor dijo que el niño moriría si alguna vez le daba un resfriado porque no había nada que él pudiera hacer para salvarlo. Él no esperaba que el niño viviera, pero el niño vivió. Cuando los conocí, el niño ya tenía cuatro años de edad.

Finalmente, se resfrió. Así que fui a su casa y oré por él para que fuera sanado. Murió en mis brazos mientras oraba por él. Me quedé allí con los padres y oramos por horas para que resucitara de entre los muertos. Hicimos todo lo que sabíamos. Finalmente llamamos a las autoridades. Llegó la policía, y fue un milagro que no nos hayan mandado a todos a la cárcel. De veras que la única razón por la que no nos arrestaron fue porque los padres tenían reportes de los doctores que comprobaban que ellos habían dicho: "Si alguna vez se enferma o le da una infección, déjenlo en su casa porque no hay nada que podamos hacer por él". Como tenían esos reportes, la policía no nos arrestó. Era una situación muy trágica.

Los padres me pidieron que ministrara en la ceremonia del funeral del niño. Estaba buscando algo que nos confortara, tanto a ellos como a mí. Yo tomé la situación de manera muy personal. Habría sido confortante haberles dicho: "Bueno, no pudimos haber sido nosotros los que fallaron. Hicimos todo lo que pudimos". Los padres estaban sufriendo, y yo verdaderamente no quería echarles la culpa diciéndoles; "Es su culpa". Habría sido confortante decir: "Dios obra de maneras misteriosas. Seguramente Él quería a tu hijo en el cielo. Dios lo necesitaba allá". Habría sido confortante salir con uno de esos clichés populares que tú escuchas comúnmente en la religión, pero yo tenía que ser honesto en relación a la Palabra.

Le dije a los padres: "Yo no creo que ésta haya sido la voluntad de Dios. El Señor no mató a su hijo. Él no permitió que esto sucediera.

Satanás fue el que le quitó la vida. Aunque es posible que el diablo haya ganado esta batalla, él no ganó la guerra". Luego compartí con ellos la enseñanza que se encuentra en 2 Samuel 12 y en otras partes de las Escrituras y que nos permitía afirmar que el niño estaba en la presencia de Dios. Les ministré esperanza, y la realidad de que este niño estaba con Jesús.

"La Verdad Os Hará Libres"

Pero cuando tuve que explicar por qué sucedió, esencialmente dije: "O es mi culpa, o la culpa de ustedes, o la culpa de todos nosotros, o son cosas que no comprendemos. No sé cuál es la razón, pero puedo garantizarles que no fue Dios". Eso no fue tan confortante como si hubiera dicho: "Bueno, Dios obra de maneras misteriosas. Él lo permitió. El Señor hizo esto por alguna razón". Eso los habría confortado momentáneamente, pero la Biblia dice que:

Conoceréis la verdad, y la verdad os hará libres.

JUAN 8:32

La Palabra de Dios es verdad, y yo no pude encontrar allí ejemplos donde Jesucristo infligió enfermedad a la gente. Les tuve que decir: "No sé dónde está el problema, pero no es Dios. Satanás nos derrotó. Él ganó una batalla, pero no ganó la guerra. Tu hijo ahora está con Jesús, pero no era la voluntad de Dios que él se fuera ahora abatido por la enfermedad". Como les dije a estas gentes la verdad, ellos oraron y Dios les mostró algunas cosas por las que ellos le habían permitido la entrada al temor, la duda, y la incredulidad. Esto había obstaculizado su fe y evitado que recibieran el milagro que necesitaban. Como ellos recibieron la verdad, se arrepintieron y fueron capaces de vencer ese miedo.

Los doctores le habían dicho a esta mujer que la razón por la que su hijo había sido afectado por el mongolismo era que ella era muy pequeñita. Le dijeron que le deberían haber practicado la cesárea, y que probablemente tanto ella como el bebé habrían perdido la vida. Así que le dijeron que nunca volviera a tener un hijo.

Esto sucedió en los primeros años de la década de 1970. Desde aquel entonces, ella ha tenido tres o cuatro hijos más. Hace unos años ella me envió una fotografía de todos sus hijos. Ellos ya se habían graduado del bachillerato y ahora estaban en la universidad. Todos sus hijos habían nacido por medio de partos naturales, en su casa y sin la ayuda de ningún doctor porque ella sabía que ningún doctor le hubiera permitido tener hijos después de ver su historial médico. Pero ella tuvo fe en Dios. En vez de quedarse sin hijos y de vivir toda su vida llena de amargura preguntando: "¿Dios, por qué hiciste esto?", ella descubrió que Dios no es el autor de la enfermedad, las dolencias, ni de la muerte. Esta preciosa hermana fue capaz de seguir adelante y de tener otros hijos, porque ella conoció la verdad, y la verdad la liberó.

No Somos Capaces de Recibir

Yo entiendo por qué a la gente le gusta decir: "Seguro que ésta era la voluntad de Dios", es porque eso hace que nos veamos bien. No hace que nos veamos como unos fracasados. Pero es una salida fácil—una excusa. Yo lo entiendo, y me he sentido tentado a hacer lo mismo, pero no es Dios el que enferma a la gente. No es que Dios no sea capaz de sanar a la gente; somos nosotros los que somos incapaces de recibir.

Mi estudio titulado *¡Ya Lo Tienes!* amplía y explica estos conceptos más de lo que puedo hacer aquí. Aunque este estudio está por lo general aplicado a la vida Cristiana, doy muchos ejemplos de sanidad y de la enseñanza sobre sanidad que comprueban que Dios ya nos ha sanado. El asunto no es que Dios nos dé sanidad; se trata de que nosotros alarguemos nuestros brazos y por fe recibamos la sanidad.

Capítulo 7
Pablo y el Lugar Común "Un Aguijón en la Carne".

Cada vez que expongo el tema de la sanidad física, no falta quien mencione la expresión "el aguijón en la carne" refiriéndola a Pablo. Estas personas dicen: "Dios le puso a Pablo un aguijón en la carne. Éste aguijón lo enfermó. Pablo trató de creer que Dios lo sanaría, pero no sanó. Puesto que Pablo era un gran hombre de Dios—y a pesar de eso el Señor no lo sanó—¿quiénes somos nosotros para pensar que Dios nos sanará?" Esta idea equivocada está basada en un malentendido de las Escrituras.

La Biblia no dice que el aguijón de Pablo era una enfermedad. Tú no puedes encontrar eso. Tú puedes escuchar a personas que argumentan eso, pero realmente no es lo que la Palabra dice.

Y para que la grandeza de las revelaciones no me exaltase desmedidamente, me fue dado un aguijón en mi carne, un mensajero de Satanás que me abofetee, para que no me enaltezca sobremanera; Y me ha dicho: Bástate mi gracia; porque mi poder se perfecciona en la debilidad. Por tanto, de buena gana me gloriaré más bien en mis debilidades, para que repose sobre mí el poder de Cristo. Por lo cual, por amor a Cristo me gozo en las debilidades, en afrentas, en necesidades, en persecuciones, en angustias; porque cuando soy débil, entonces soy fuerte.

2 Corintios 12:7-10

En el versículo 7, Pablo dejó muy claro que este aguijón era un mensajero de Satanás, no de Dios. La palabra Griega que aquí se tradujo como **"mensajero"** también se tomó como **"angel"** en otras partes del Nuevo Testamento (Lc. 1:13; 2 Co. 11:14; Ga. 4:14). Por lo tanto, éste era un mensajero demoníaco, un ángel de las tinieblas, enviado por el diablo para aporrear a Pablo.

De Parte del Diablo

Algunas personas suponen equivocadamente que Dios le puso este aguijón en la carne a Pablo porque esto evitaba que él se enalteciera sobremanera. Esas personas automáticamente piensan que esto significa que el aguijón en la carne fue enviado de parte de Dios para mantener a Pablo lleno de humildad. Eso no es verdad.

La humildad es importante, pero también la exaltación. Hay una clase de exaltación santa que se menciona muchas veces en las Escrituras, tanto en el Antiguo como en el Nuevo Testamento. Un ejemplo es 1 Pedro 5:6, que dice:

Humillaos, pues, bajo la poderosa mano de Dios, para que él os exalte cuando fuere tiempo.

Ser enaltecido, y exaltado, es bueno cuando Dios lo hace. Sin embargo, algunas personas suponen que Pablo estaba hablando del orgullo en 2 Corintios 12:7. Ellos argumentan: "Pablo tenía un verdadero problema con el orgullo y la arrogancia, así que Dios le dio un aguijón en la carne para quebrantarlo y para mantenerlo lleno de humildad". Ésa no es una idea buena. La Biblia dice que te llenes de humildad a ti mismo (1 P. 5:6). Si Dios es el que te llena de humildad a ti, entonces eso no es humildad, es humillación. No puedes obligar a una persona a que se llene de humildad. Tiene que proceder del interior del individuo.

2 Corintios 12:7 dice que Pablo era exaltado por dondequiera que iba. Él vio gente resucitar de entre los muertos (Hch. 20: 9-12), sacó demonios (Hch. 16: 16-18), y vio muchos otros milagros (Hch. 19:11-12). En una de las ciudades donde él ministró la gente exclamó: "¡Estos que trastornan el mundo entero también han venido acá!" (Hch. 17:6). Había tanto poder y tanta unción fluyendo a través de la vida y del ministerio de Pablo que eso estaba atrayendo mucha gente hacia el

Señor. Esas personas decían: "¡Quiero ser como Pablo. Quiero tener la capacidad para vencer la adversidad. Si me meten a la cárcel por predicar el Evangelio, también quiero que se produzca un terremoto y me libere!" Satanás reconoció que Pablo estaba atrayendo a mucha gente hacia el Señor porque estaba experimentando una victoria total y porque Dios lo estaba exaltando. El diablo quería degradarlo y quería hacer algo para evitar que fuera exaltado por Dios. Eso es lo que 2 de Corintios 12:7 dice. Para que Pablo no fuera enaltecido desmedidamente, Satanás le dio un aguijón en su carne. Fue de parte del diablo, no de Dios.

Ha habido personas enfermas que me han dicho: "Yo soy como el apóstol Pablo. Dios me ha dado un aguijón en la carne, y no me queda nada más que sobrellevarlo". Acuérdate de esto: fue por la abundancia de las revelaciones que este aguijón vino. Con esas revelaciones, Pablo escribió la mitad del Nuevo Testamento. Por lo tanto, quien no ha tenido una abundancia de revelaciones como Pablo las tuvo no debería estar escondiéndose hoy atrás de su aguijón en la carne. Además, este aguijón era de parte de Satanás y no de parte de Dios.

En algunas ocasiones he tratado de empezar a hablar sobre cómo recibir de parte de Dios con drogadictos, prostitutas, y adúlteros, y muchos de ellos me han dicho: "Bueno, así como el apóstol Pablo, yo también tengo un aguijón en la carne". Ellos ni siquiera tienen una relación con Dios, sin embargo se están apoyando en el aguijón en la carne de Pablo. Tú debes dejar de esconderte atrás de este aguijón en la carne a menos que tuvieras tanta revelación como para que tú pudieras escribir la mitad del Nuevo Testamento.

El aguijón de Pablo en la carne no era una enfermedad. Era un mensajero demoníaco que Satanás envió para atormentarlo.

Debilidad o Ineptitud

Otra razón por la que la gente piensa que era una enfermedad es porque la palabra **"debilidades"** se usa dos veces en este pasaje. Los versículos 9 y 10 dicen:

Y me ha dicho: Bástate mi gracia; porque mi
poder se perfecciona en la debilidad. Por tanto,
de buena gana me gloriaré más bien en mis
debilidades, para que repose sobre mí el poder de
Cristo. Por lo cual, por amor a Cristo me gozo
en las debilidades, en afrentas, en necesidades,
en persecuciones, en angustias; porque cuando soy
débil, entonces soy fuerte.

2 Corintios 12:9-10

Una debilidad no es una enfermedad. La palabra debilidad
significa: Cualidad de débil. (Informal): Específicamente, por no
haber comido. Falta de energía moral (Diccionario María Moliner).
Toma, por ejemplo, Romanos 8:26:

De igual manera el Espíritu nos ayuda en nuestra
debilidad; pues qué hemos de pedir como conviene,
no lo sabemos, pero el Espíritu mismo intercede por
nosotros con gemidos indecibles (el subrayado es mío).

Lo que este versículo dice es que el no saber qué pedir como
conviene es una **debilidad, una ineptitud—no una enfermedad.**

No Era Una Enfermedad

Algunas personas suponen que aquí en 2 Corintios Pablo estaba
hablando de la enfermedad cuando dijo: "Me gloriaré más bien en mis
debilidades". Pero conforme vemos el contexto, nos damos cuenta de
que no era una enfermedad. Debemos recordar que el hombre al
correr del tiempo dividió la epístola en capítulos y versículos con
el propósito de facilitar la referencia. No hay nada de malo en eso.
Pero necesitamos recordar que todo el libro que llamamos segunda
Epístola de Pablo a los Corintios era una carta. No estaba dividida
en capítulos y versículos. En la parte que llamamos 2 Corintios 11,
Pablo habló de sus debilidades. Él dijo:

❖ ❖ ❖

Si es necesario gloriarse, me gloriaré en lo que es de mi debilidad.

2 Corintios 11:30

Empezando en el versículo 23, Pablo definió, explicó, y enumeró aquello que él estaba llamando "**debilidades**".

¿Son ministros de Cristo? (Como si estuviera loco hablo.) Yo más; en trabajos más abundante.

2 Corintios 11:23

Conforme esta lista continúa, ten presente que éstas son todas las cosas que unos versículos más adelante Pablo resumió al decir: "Me gloriaré en lo que es de mi debilidad" (2 Co. 11:30; 12:9). Él habló de "**en trabajos más abundante**" (trabajos duros), como si fueran una debilidad. Le causaron debilidad, estrés, y problemas en su vida.

En cárceles más; en peligros de muerte muchas veces. De los judíos cinco veces he recibido cuarenta azotes menos uno.

2 Corintios 11:23-24

Cinco veces Pablo recibió treinta y nueve azotes.

Tres veces he sido azotado con varas.

2 Corintios 11:25 RVA

En tres ocasiones fue golpeado cruelmente con un instrumento parecido a una barra de metal. A menudo este castigo se lo aplicaban en los pies, produciéndole fractura de huesos.

Una vez he sido apedreado.

2 Corintios 11:25

Esto sucedió en Hechos 14:19. Yo personalmente creo que él había muerto. Lo veremos con más detalle en el siguiente capítulo, pero por ahora…

> *Tres veces he sido azotado con varas; una vez apedreado; tres veces he padecido naufragio; una noche y un día he estado como náufrago en alta mar; en caminos muchas veces; en peligros de ríos, peligros de ladrones, peligros de los de mi nación, peligros de los gentiles, peligros en la ciudad, peligros en el desierto, peligros en el mar, peligros entre falsos hermanos; en trabajo y fatiga, en muchos desvelos, en hambre y sed, en muchos ayunos, en frío y en desnudez; y además de otras cosas, lo que sobre mí se agolpa cada día, la preocupación por todas las iglesias. ¿Quién enferma, y yo no enfermo? ¿A quién se le hace tropezar, y yo no me indigno? Si es necesario gloriarse, me gloriaré en lo que es de mi debilidad.*

> **2 Corintios 11:25-30**

Persecuciones y Dificultades

Todas estas cosas enumeradas aquí se referían a las dificultades de la persecución que Pablo sufrió por la causa de Cristo. Luego, unos cuantos versículos más adelante, él declaró:

> *Por tanto de buena gana me gloriaré más bien en mis debilidades.*

> **2 Corintios 12:9**

Con base en el contexto, aquí la palabra "**debilidades**" se refiere a todas las dificultades que él sufrió por el Evangelio. Es una suposición equivocada tomar la palabra *debilidad* y deducir que se está refiriendo a la enfermedad cuando en el contexto Pablo dejó muy claro que no era así. Romanos 8:26 usa la misma palabra—"**debilidad**" —para referirse a la falta de conocimiento o entendimiento sobre cómo orar.

El aguijón en la carne de Pablo era un mensajero de Satanás (2 Co. 12:7). Mucha gente al leer 2 Corintios 12:9 se apresura a concluir que era una enfermedad por la palabra *debilidad*. Sin embargo, con base en el contexto, podemos afirmar que esta palabra se usó de una manera diferente aquí para describir las persecuciones y las dificultades que Pablo sufrió a causa del Evangelio. El versículo 10 continúa para dejarlo muy claro, diciendo:

> *Por lo cual, por amor a Cristo me gozo en las debilidades, en afrentas, en necesidades, en persecuciones, en angustias; porque cuando soy débil, entonces soy fuerte.*

> **2 CORINTIOS 12:10**

Aunque algunas personas suponen que aquí la palabra "**debilidades**" significa enfermedades físicas, las otras cuatro cosas que se enumeran en este versículo, y el contexto de 2 Corintios 11:23-33, que va inmediatamente antes, revelan otra cosa. Las otras cuatro cosas enumeradas en 2 Corintios 12:10 son afrentas, necesidades, persecuciones, y angustias. Cada una de estas deja muy claro que esto no está hablando de alguna clase de enfermedad física. Más bien, estaba hablando de una dificultad o persecución con la que Pablo tuvo que lidiar. Las "**afrentas**" eran los insultos, las heridas, los males, y los dolores. La palabra "**necesidades**" se refiere la carencia de ciertas cosas por causa del Evangelio. Las palabras "**persecuciones**" y "**angustias**" tienen un significado claro. Todas estas palabras son congruentes con el contexto de este pasaje. Si Pablo estuviera usando la palabra debilidad para referirse a la enfermedad física, ésta sería incongruente con las otras cosas que él enumeró aquí. Aquí la palabra "**debilidades**" se está refiriendo a las dificultades que él sufrió por la causa del Señor.

Las Figuras Retóricas del Antiguo Testamento

También, la gente que tenía una formación judaica y que pertenecía a la iglesia a la que Pablo estaba escribiendo, reconocería la frase "**aguijón en la carne**" como una frase que se usó en los primeros libros del Antiguo Testamento.

> *Y si no echareis a los moradores del país de delante de vosotros, sucederá que los que dejareis de ellos serán por aguijones en vuestros ojos y por espinas en vuestros costados, y os afligirán sobre la tierra en que vosotros habitareis.*

> **NÚMEROS 33:55**

Moisés les dijo a los Israelitas que si no expulsaban a los moradores que habían habitado esa tierra antes que ellos, esos paganos los perseguirían y los corromperían. Los Israelitas se contaminarían y se corromperían a través de esa gente pagana si le permitían vivir.

> *Sabed que Jehová vuestro Dios no arrojará más a estas naciones delante de vosotros, sino que os serán por lazo, por tropiezo, por azote para vuestros costados y por espinas para vuestros ojos, hasta que perezcáis de esta buena tierra que Jehová vuestro Dios os ha dado.*

> **JOSUÉ 23:13**

Los Israelitas no habían obedecido a Dios. Por lo tanto el Señor dijo: "Muy bien. La profecía que Moisés dio en Números 33:55 se va a cumplir". Una vez más Él se refirió a la gente como si fueran azotes en sus costados o espinas en sus ojos.

> *Por tanto yo también dije: No los echaré de delante de vosotros, sino que os serán por azote para vuestros costados, y sus dioses por tropiezo.*

> **JUECES 2:3 RVA**

◆ ◆ ◆

Cuando Pablo usaba esta terminología; "**aguijón en la carne**", inmediatamente las mentes de los oyentes se dirigían a las figuras retóricas del Antiguo Testamento empleadas en los versículos de Números 33:55, Josué 23:13; y Jueces 2:3. Cada uno de estos casos, se refería a la gente que era la antagonista de la gente de Dios. Ésta es evidencia Bíblica adicional de que el aguijón en la carne de Pablo era un personaje demoníaco, un ángel de las tinieblas, un mensajero de Satanás que incitaba persecuciones dondequiera que Pablo iba. Él se refirió a esto en 1 Corintios 4, cuando dijo: "Nosotros los apóstoles sufrimos más que cualquiera. La gente a la que ministramos es estimada y bendecida, mas nosotros despreciados y somos considerados la escoria del mundo...".

Porque según pienso, Dios nos ha exhibido a nosotros los apóstoles como postreros, como a sentenciados a muerte; pues hemos llegado a ser espectáculo al mundo, a los ángeles y a los hombres. Nosotros somos insensatos por amor de Cristo, mas vosotros prudentes en Cristo; nosotros débiles, mas vosotros fuertes; vosotros honorables, mas nosotros despreciados. Hasta esta hora padecemos hambre, tenemos sed, estamos desnudos, somos abofeteados, y no tenemos morada fija. Nos fatigamos trabajando con nuestras propias manos; nos maldicen, y bendecimos; padecemos persecución, y la soportamos. Nos difaman, y rogamos; hemos venido a ser hasta ahora como la escoria del mundo, el desecho de todos.

1 Corintios 4:9-13

Dicho de otra manera, Pablo estaba hablando de las dificultades y la persecución que él sufrió. Es evidente en la Palabra que este mensajero demoníaco trabajaba arduamente dondequiera que Pablo iba para influenciar a la gente con la finalidad de que lo persiguieran. Pablo experimentó victoria, pero también sufrió más persecuciones, naufragios, palizas, encarcelamientos, rechazo y críticas que cualquiera otro. Satanás usó esta oposición en su contra. Aunque el poder de Dios se estaba manifestando en la vida de Pablo, eso no sucedió sin que él pagara un precio. Esto hizo que otras personas dudaran. El diablo estaba haciendo esto para alejar a la gente del mensaje de Pablo. Ellos pudieron haber razonado en sus corazones: "Lo que está diciendo es verdad, pero no estoy seguro si me gustaría sufrir como él lo ha hecho para poder vivirlo".

Bástate mi Gracia

Entonces Pablo rogó al Señor tres veces que quitara este aguijón en la carne, este ángel demoníaco que incitaba a la gente a llevar a cabo la persecución. Como vimos en el Antiguo Testamento, eso es lo que significa un aguijón en la carne: es persecución llevada a cabo por la gente. Pablo le pidió a Jesucristo tres veces que lo quitara, y el Señor le contestó:

> *Bástate mi gracia; porque mi poder se perfecciona en la debilidad.*
>
> **2 CORINTIOS 12:9**

A través de la expiación de Cristo, hemos sido redimidos de la enfermedad, más no de la persecución. El mismo Pablo reconoció esta verdad más adelante en su vida cuando le escribió a Timoteo.

> *Y también todos los que quieren vivir piadosamente en Cristo Jesús padecerán persecución.*
>
> **2 TIMOTEO 3:12**

A lo mejor Pablo todavía no comprendía esto en esa época de su vida en que le pidió a Dios que le quitara ese aguijón en la carne. Él estaba esforzándose tanto como podía para recibir todo lo que el Señor tenía para él (Fil. 3:14). Hasta estaba tratando de liberarse de y de detener la persecución. Finalmente el Señor le dijo: "Pablo, tú no has sido redimido de la persecución. Pero para que lidies con ella te voy a dar Mi gracia".

Piensa al respecto, Si Dios nos hubiera redimido de la persecución, y Él detuviera a todos nuestros perseguidores, nunca habría existido alguien como el apóstol Pablo. Él mismo había sido un perseguidor. Pablo estuvo presente participando en el apedreamiento de Esteban (Hch. 7). Si Dios hubiera exterminado a todos los perseguidores, nunca habría habido un apóstol Pablo. Dios no detiene a todos nuestros perseguidores. Más bien, Él se revela a sí mismo a la gente a través de nosotros conforme continuamos amándolos, perdonándolos, poniendo la otra mejilla, y siguiendo a Jesús. Es un testimonio poderoso el que continuemos amando a Dios a pesar de las amenazas, y Dios lo usa. No estamos redimidos de la persecución, pero sí estamos redimidos de la enfermedad.

CAPÍTULO 8

¿Problemas con los Ojos?

ALGUNAS PERSONAS ENSEÑAN que Pablo tenía una enfermedad de la que Dios se negó a sanarlo, y que por lo tanto no podemos esperar ser sanados de todas las enfermedades ahora. Eso no es verdad. No es una interpretación congruente con la totalidad de la Palabra de Dios. Como vimos en el capítulo anterior, el aguijón en la carne de Pablo no era una enfermedad, sino más bien un mensajero demoníaco que fue enviado por Satanás para provocar persecución.

Las personas que enseñan que el aguijón en la carne de Pablo era una enfermedad con frecuencia malinterpretan Gálatas 4. Ellas especulan diciendo que Pablo padecía una antigua enfermedad aramea de los ojos que hacía que éstos se pusieran llorosos e inflamados, y que constantemente le causaba problemas con los ojos. Ellos hacen el intento de comprobar esto con unos versículos de Gálatas 4.

> Os ruego, hermanos, que os hagáis como yo, porque yo también me hice como vosotros. Ningún agravio me habéis hecho. Pues vosotros sabéis que a causa de una enfermedad del cuerpo os anuncié el evangelio al principio; y no me despreciasteis ni desechasteis por la prueba que tenía en mi cuerpo, antes bien me recibisteis como a un ángel de Dios, como a Cristo Jesús. ¿Dónde, pues, está esa satisfacción que experimentabais? Porque os doy testimonio de que si hubieseis podido, os hubierais sacado vuestros propios ojos para dármelos.

GÁLATAS 4:12-15

"Flaqueza de la Carne"

Fíjate en la terminología del versículo 13: "**a causa de una enfermedad del cuerpo**". Esto no se refería a una "debilidad", era una "**enfermedad en la carne**". Él no estaba hablando de una falta de conocimiento (como la que se menciona en Ro. 8:26 acerca de no saber cómo orar) o de una dificultad que él padeció (como el naufragio y los peligros mencionados en 2 Co. 11:25-26). Esto está hablando literalmente de algún problema físico. Puesto que empleó la expresión "enfermedad del cuerpo" él la particularizó y básicamente la volvió a usar en el versículo siguiente (Ga. 4:14).

Algunas personas consideran esto y argumentan: "¡Aquí precisamente es donde Pablo dijo que él tenía una enfermedad!" Sí, él sí mencionó un problema aquí. Pero fíjate en lo que dijo en el versículo 13:

> *Pues vosotros sabéis que a causa de una enfermedad del cuerpo os anuncié el evangelio al principio.*

> GÁLATAS 4:13

La frase "**al principio**" implica que no se trataba de algo crónico, de algo que Dios no le quería quitar. Era algo temporal. Pablo prosiguió a decir:

> *¿Dónde, pues, está esa satisfacción que experimentabais? Porque os doy testimonio de que si hubieseis podido, os hubierais sacado vuestros propios ojos para dármelos.*

> GÁLATAS 4:15

Algunas personas dicen: "Mira, ahora está hablando de un problema en los ojos. Ésa es su debilidad en la carne". Por lo tanto suponen que esto era una enfermedad, cuyos síntomas eran ojos llorosos, e inflamados, que perduró durante toda su vida. Si tú puedes tragarte eso, entonces puedes hacer que la Biblia diga cualquier cosa que tú quieras. ¡Eso es un fundamento muy endeble de interpretación!

• • •

Dado por Muerto

Consideremos una interpretación mucho más precisa. Para poder hacerlo tenemos que ver Hechos, capítulo 14. Pablo estaba predicando en Listra y en Derbe. Por un tiempo, la gente de esos lugares pensó que él era un Dios.

> *Entonces la gente, visto lo que Pablo había hecho, alzó la voz, diciendo en lengua licaónica: Dioses bajo la semejanza de hombres han descendido a nosotros. Y a Bernabé llamaban Júpiter, y a Pablo, Mercurio, porque éste era el que llevaba la palabra.*
>
> ### HECHOS 14:11-12

Pablo y Bernabé refrenaron la pasión de la gente para evitar que les ofrecieran sacrificios y que les rindieran culto de adoración. Sin embargo, exactamente al día siguiente esas mismas personas se enojaron con ellos.

> *Entonces vinieron unos judíos de Antioquía y de Iconio, que persuadieron a la multitud, y habiendo apedreado a Pablo, le arrastraron fuera de la ciudad, pensando que estaba muerto. Pero rodeándole los discípulos, se levantó y entró en la ciudad; y al día siguiente salió con Bernabé para Derbe.*
>
> ### HECHOS 14:19-20

Ésta fue una ocasión en que Pablo fue apedreado y dado por muerto. Él se había referido a esto en 2 Corintios 11.

> *Una vez apedreado.*
>
> ### 2 CORINTIOS 11:25 RVA

Personalmente, yo creo que él estaba muerto. Si no lo estaba, estuvo tan cerca de la muerte que las gentes que intentaron matarlo le arrastraron fuera de la ciudad "**pensando que estaba muerto**"

(Hch. 14:19). Sea que estuviera muerto o muy cercano a la muerte, la Palabra dice que cuando los discípulos lo rodearon, él se levantó y entró en la ciudad. Al día siguiente él partió con Bernabé para Derbe, que estaba a unos 30 o 40 km de distancia (hay controversia sobre la distancia exacta). Pablo caminó (o montó algún animal para trasladarse) hacia el siguiente pueblo, y al día siguiente le predicó a la gente allí (Hch. 14:20-21). ¿Sabes dónde estaban las ciudades de Licaonia, Listra, y Derbe? Todas estas ciudades eran parte de una región llamada Galacia. De aquí era la gente a la que Pablo le estaba escribiendo en Gálatas 4:15 cuando dijo: "Al principio ustedes se compadecieron de mí por esta debilidad en mi carne; de haberles sido posible, se habrían sacado los ojos para dármelos".

En vez de sacarnos de la manga la idea de que Pablo tenía una enfermedad antigua de los ojos, deberíamos tener una actitud mucho más respetuosa de las Escrituras y reconocer que Gálatas 4 se está refiriendo al mismo período de tiempo en que Pablo fue apedreado, abandonado como muerto, resucitado, y que después de eso al día siguiente viajó más de 30 km, y empezó a predicarle a la gente en la siguiente ciudad. Tomando en cuenta que Pablo, después de haber sido apedreado hasta morir, en menos de veinticuatro horas prosiguió a predicar en la siguiente ciudad, ¿es tan inconcebible pensar que a lo mejor le dolían los ojos debido a las piedras que varias veces le habían golpeado la cabeza el día anterior? Aunque es obvio que el milagroso poder sanador de Dios estaba obrando en su cuerpo, probablemente le tomó algo de tiempo para restaurarse completamente. Pablo dijo que fue solamente **"en el principio"** que esta **"enfermedad del cuerpo"** le molestó (Ga. 4:13). Es mucho más acertado cotejar versículo con versículo y decir que si él tuvo problemas con los ojos, fue porque había sido apedreado el día anterior. Fue algo temporal en su cuerpo que sanó al pasar el tiempo. Pablo lo superó.

Tragándose un Camello

También es posible que cuando Pablo dijo: "Os hubierais sacado vuestros propios ojos para dármelos", él hubiera estado usando un lenguaje figurado. A veces decimos: "Yo sé que tú te cortarías tu brazo derecho por mí". ¿Eso significa que yo tengo un problema en mi brazo derecho? No. Es un lenguaje figurado que usamos para decir que esa persona sacrificaría cualquier cosa por nosotros. Así que cuando Pablo dice: "Os hubierais sacado vuestros propios ojos para dármelos", no significa que él tuviera algún problema con sus ojos. Si él estaba hablando del hecho de que sus ojos habían sufrido algún daño debido al apedreamiento del día anterior, sólo se refería a algo temporal. Él dejó eso muy claro en el versículo 13 diciendo: **"al principio"**.

La gente que sostiene que el aguijón en la carne de Pablo era una enfermedad de los ojos continúa con Gálatas 6.

> *Mirad con cuán grandes *letras os escribo de mi propia mano.*

GÁLATAS 6:11

*N.T. El diccionario María Moliner refiere que antiguamente la palabra letra era sinónimo de carta.

De hecho he escuchado a algunas personas argumentar con base en esto que, como Pablo estaba casi totalmente ciego por su problema de la vista, sus letras medían de siete a diez centímetros de altura. Ellos dicen que él tenía que escribir con letras muy grandes para poder comunicarse. Si eso fuera verdad, y Pablo se estuviera refiriendo a letras de un tamaño muy grande, ¿podrías imaginarte qué tan larga habría tenido que ser esta carta a los Gálatas? Habría llenado volúmenes y volúmenes. ¡Nadie hubiera podido cargarla! Él solamente habría escrito una o dos palabras por página. Simplemente cuenta cuántas palabras hay en Gálatas. Eso no es a lo que Pablo se estaba refiriendo aquí.

En el idioma griego hay diferentes palabras para hablar de tamaño o de cantidad. La palabra que se tradujo como **"large"** "grande" en Gálatas 6:11 es la que se refiere a cantidad. Pablo no estaba hablando de lo anchas y altas que eran cada una de las letras de cada palabra. Él estaba diciendo: "Esta carta—esta pieza de correspondencia—que yo les he escrito, se ha alargado". En mi

Biblia, la carta de Pablo a los Gálatas ocupa cuatro páginas con letras pequeñas. Si tú imprimieras eso con caracteres de tamaño 12 (estilo *Times New Roman*), doble espacio en hojas normales de 22 x 28 cm, ocuparía más de ocho páginas. Yo consideraría ésa una carta grande, en el sentido de larga. Por lo general las notas personales consisten solamente de una página o menos.

La gente que argumenta que Pablo dijo que cada letra de cada palabra que él escribió era muy grande, está colando el mosquito y tragándose el camello (Mt. 23:24). La gente que usa estos versículos para decir que Pablo tenía una enfermedad en los ojos está quebrantando todas las reglas de la sana interpretación Bíblica. Ellos solamente están tomando una referencia y la están interpretando como quieren. Si Pablo tuvo un problema en los ojos como se menciona en Gálatas 4, fue porque el día anterior él había sido apedreado y abandonado como muerto, y sólo fue algo temporal. Ésa sería la única correlación de lo que Pablo dijo en Gálatas 4 y la alusión que él hizo al aguijón en la carne en 2 Corintios 12.

El aguijón en la carne de Pablo no era alguna clase de enfermedad. Era un mensajero demoníaco enviado por Satanás para provocar persecución por dondequiera que Pablo iba. Somos redimidos de la enfermedad, mas no de la persecución.

Capítulo 9

Redimido de la Maldición

He pensado, estudiado, y orado mucho sobre todas estas interpretaciones. He escuchado a otras personas y he considerado sus puntos de vista. Sin embargo, creo que lo que he compartido contigo es más genuino y más congruente con la totalidad de la Escritura que cualquiera de esas opiniones. Agarrarse de la expresión "el aguijón en la carne" y referirse a Pablo para convertirla en una enfermedad es una teología acomodaticia. Dicho de otra manera, tú no tienes que producir resultados. Puedes vivir carnalmente. Tú no tienes que buscar a Dios. Simplemente oras por alguien, y si ese alguien no sana, entonces dices: "Pues bien, esta situación es como el aguijón en la carne que mencionó Pablo. Dios quiere que la sobrelleves". ¡Ésa es una salida!

La verdad es que el Señor quiere que sanen. Pero Él tiene que usar a alguien que pueda operar con fe, que use la autoridad que Dios le dio, que ejecute Su poder y haga que ese poder se manifieste. Esto pone la responsabilidad en nosotros, que nos hemos convertido en expertos para evadir la responsabilidad.

"Ya No Bebas Agua"

Algunas personas han usado 1 Timoteo 5 para oponerse a la verdad que dice que siempre es la voluntad de Dios sanar a la gente. Pablo le estaba hablando a su hijo en la fe, diciéndole:

> *Ya no bebas agua, sino usa de un poco de vino por causa de tu estómago y de tus frecuentes enfermedades.*

> **1 Timoteo 5:23**

♦ ♦ ♦

De hecho he escuchado a algunas personas enseñar con base en esto que Timoteo padecía de una enfermedad crónica de la que nunca sanó. Por lo tanto, si Timoteo, que era la mano derecha de Pablo, no fue sanado, entonces eso significa que tampoco es la voluntad de Dios sanarnos.

Éste es solamente un versículo de Las Escrituras. Es el único versículo en todo el Nuevo Testamento que habla de Timoteo y del consejo de que tome un poco de vino en consideración a su estómago. No hay ninguna otra cosa con la que esto se pueda comparar. Por lo tanto cualquier cosa que digas sobre esto es una suposición. Es una suposición decir que él tuvo alguna clase de enfermedad crónica de la que nunca sanó. Presentar este versículo con base en esa suposición como prueba de que Dios no quiere sanarnos es una interpretación incorrecta y falsa de las Escrituras.

Aparentemente, cualquiera que haya sido la enfermedad que Timoteo padeció, era un problema del estómago, y estaba relacionado con el agua. ¿Qué sucede cuando viajas a algún país tercermundista y allí bebes agua que no ha sido purificada? Adivinaste: problemas del estómago. En México, hay una enfermedad conocida como la venganza de Moctezuma: consiste en que el agua no es buena para tomar. Aunque yo personalmente no lo he experimentado, he visto a muchas personas que han viajado conmigo a otros países enfermarse cuando toman agua. He escuchado historias de terror por lo mal que se pusieron. Cuando el agua no está limpia y no es potable, es mejor tomar algo que no sea agua. Por lo tanto Pablo le estaba aconsejando a Timoteo que dejara de tomar agua porque eso le estaba ocasionando problemas con el estómago, y que mejor bebiera un poco de vino.

Esto no es propaganda para la medicina. Algunas personas argumentan que el vino tiene propiedades medicinales y que por lo tanto, Pablo le estaba aconsejando a Timoteo que tomara medicina para sus problemas estomacales. No, está muy claro que este problema estomacal era resultado del agua contaminada. Por lo tanto Pablo estaba diciendo: "Deja de tomar el agua y mejor toma vino". Si en esa época hubieran existido los refrescos como ahora, él podría haber dicho: "Deja de tomar el agua y mejor tómate un refresco". Pero no tenían refrescos en aquel entonces, solamente tenían vino. Esto no significa que Timoteo tuvo algún problema crónico del que nunca sanó. Esto solamente significa que Pablo le estaba diciendo a Timoteo: "Deja de beber el agua. Eso es lo que te está causando malestar en el estómago. En vez de agua toma otra cosa". Es como si yo le dijera a un estudiante de la escuela Bíblica durante un viaje misionero en un país extranjero: "No tomes el agua de la llave aquí. En vez de eso toma agua embotellada o un refresco, pero no tomes el agua". Eso es todo lo que Pablo dijo.

Con base en este versículo, 1 Timoteo 5:23, la gente ha inventado una doctrina que da a entender que Dios quiere que estemos enfermos. Eso es un error. Es no ser apegado a la Escritura.

Tienes que Creer

Erasto se quedó en Corinto, y a Trófimo dejé en Mileto enfermo.

2 TIMOTEO 4:20

Algunas personas argumentan: "Inclusive Trófimo, uno de los acompañantes de Pablo, no sanó. Por lo tanto, seguramente no es la voluntad de Dios sanar a todo el mundo". Es verdad que no todos reciben sanidad, pero eso no significa que Dios no quiera que sanen. No todo el mundo recibe salvación, pero es muy claro que Dios quiere que todo el mundo sea salvo. El hecho de que alguien esté enfermo no significa que Dios deseara que esa persona estuviera enferma. La gente deduce eso porque Trófimo estaba viajando con el apóstol Pablo. Estas personas dicen: "Si la voluntad de Dios hubiera sido que él sanara, él habría recibido esa sanidad".

Algunas personas me han expresado opiniones como ésa. Supongamos que alguno de mis socios o empleados está enfermo, padece alguna enfermedad que lo obliga a operarse, o usa lentes. Aquellas personas preguntan: "¿Si es la voluntad de Dios que sea sano, entonces por qué no está sano?" Yo no puedo hacer que otra persona sea sanada solamente a través de mi fe. No por rozarte con alguien vas a recibir sanidad. La sanidad no se obtiene por ósmosis. No por rozarte con alguien vas a recibir sanidad. Cada persona debe tener fe.

Trófimo tuvo que creer. La Palabra no nos dice por qué lo dejaron en Mileto. Posiblemente, él estaba ejercitando su fe para sanar, y la situación requirió un período de tiempo para que la sanidad se manifestara en su cuerpo. Sin embargo, Pablo no quería esperar a que la sanidad se manifestara y siguió adelante. Es posible que Trófimo haya sanado y haya alcanzado a Pablo más adelante, o que haya recibido ayuda de alguna otra manera.

También es posible que Trófimo haya dejado de tener fe en Dios, y que por lo tanto Pablo haya decidido dejarlo enfermo allí.

Existen otras posibilidades, pero no hay ninguna razón para interpretar el hecho de que Pablo haya dejado a Trófimo enfermo en Mileto como indicio de que Dios no quiere que seamos sanados.

La Enfermedad Nunca es una Bendición

Por medio del estudio genuino de las Escrituras, hemos desacreditado las interpretaciones equivocadas que la gente usa para socavar la sanidad. No es verdad decir que Dios quiere que algunas personas estén enfermas. Posiblemente todavía tienes dudas sobre algunos versículos como Romanos 8:28, el cual dice que *Dios dispone todas las cosas para bien* (Nueva Versión Internacional). Te invito a que consultes mi estudio titulado "La Soberanía de Dios (disponible solamente en inglés)". Allí he tratado ese versículo (y otros) de una manera más exhaustiva de lo que puedo hacer aquí.

A causa de una concepción equivocada de la soberanía de Dios, algunas personas piensan que el Señor controla todo, y que una persona no podría estar enferma a menos que Dios lo permitiera. Eso no es lo que la Palabra enseña. Repito, Dios no es el que permite que la gente se vaya al infierno. En cierto sentido, tú podrías decir que Él lo permite por lo mucho que respeta nuestro libre albedrío. Pero no es Su deseo, Su voluntad ni Su plan. Dios pone obstáculos en nuestro camino, invitándonos a arrepentirnos y a ser vueltos a nacer, pero en última instancia Él nos permite escoger. Dios no nos controla como si fuéramos peones en un juego de ajedrez. Cualquier persona que se va al infierno tuvo que haber saltado montañas de obstáculos que el Señor puso en su camino.

Aunque hay varias referencias al Antiguo Testamento en las que Dios infligió enfermedad a la gente, ésta nunca fue considerada como una bendición. Tanto Miriam (Nm. 12) como el rey Uzías (2 Cr. 26) se enfermaron de lepra. Una plaga mató a 185,000 personas (2 R. 19). El ángel del Señor salió y mató a todos los primogénitos de Egipto en una noche (Ex. 12). Sí, Dios infligió enfermedades a la gente en el Viejo Pacto, pero éstas nunca fueron una bendición.

Antes de que se enfermara de lepra, Miriam había sido una gran lideresa entre los hijos de Israel. Después de este incidente, lo único que se menciona sobre ella en la Palabra es que murió y que la gente guardó duelo por ella. Su ministerio había terminado. La lepra era un castigo y una maldición, más no una bendición.

Uzías fue un rey que había sido usado poderosamente por Dios. Pero después de haber sido golpeado con la lepra, pareciera como si la unción lo hubiera abandonado. Él sufrió todo el tiempo. La enfermedad era una maldición, no una bendición. No le ayudó. Lo perjudicó.

Las 185,000 personas a las que mató el ángel de la muerte no fueron beneficiadas. No les representó ningún beneficio. Quizá sirvieron de ejemplo, pero no fue una bendición para ellos.

En el Nuevo Pacto

Deuteronomio 28 afirma muy claramente que la enfermedad es una maldición—no es algo bueno—y la salud es una bendición. Hubo ocasiones en que Dios infligió enfermedades a la gente, pero

Gálatas 3 revela que:

> *Cristo nos redimió de la maldición de la ley, hecho por nosotros maldición (porque está escrito: Maldito todo el que es colgado en un madero), para que en Cristo Jesús la bendición de Abraham alcanzase a los gentiles, a fin de que por la fe recibiésemos la promesa del Espíritu.*
>
> **GÁLATAS 3:13-14**

Cristo nos ha redimido de la maldición. Sí, hubo ocasiones en las que Dios le infligió enfermedad, lepra, padecimientos, ceguera, y muerte a la gente (2 R. 1), pero nunca fue una bendición (Lc. 9:54-56). Siempre era un castigo, y una maldición. Pero en el Nuevo Pacto, somos redimidos de la maldición.

Los Recursos de Dios

Algunas personas se preguntan: "Bueno, si Dios no nos castiga con la enfermedad ni nos corrige con las tragedias, entonces ¿cómo aprenderemos?" La Biblia dice:

> *Toda la Escritura es inspirada por Dios, y útil para enseñar, para redargüir, para corregir, para instruir en justicia, a fin de que el hombre de Dios sea perfecto, enteramente preparado para toda buena obra.*
>
> **2 TIMOTEO 3:16-17**

Dios nos redarguye, corrige, e instruye a través de Su Palabra. El sistema de corrección del Señor no es la enfermedad, las dolencias, ni la tragedia. Dios nos disciplina a través de Su Palabra. Fíjate cómo este versículo dice que la corrección por medio de la Palabra te hará perfecto, enteramente preparado para toda buena obra. Eso significa que es más que suficiente. Tú no necesitas ningún otro medio de corrección.

Algunas personas argumentan: "Sí, pero no todos obedecen la Palabra. Algunas personas sólo responden cuando todo en su vida está saliendo mal". La tragedia, la enfermedad, y las dolencias no son los recursos que usa Dios. Su método consiste en enseñarte a través de la Palabra—haciendo que el Espíritu Santo vivifique la Palabra para ti. Tú puedes aprender de otras maneras, pero no es la manera de enseñar de Dios.

No hay duda que algunas personas han sido afectadas de paraplejia, y por eso han aprendido a acercarse a Dios. Él los ha apoyado, y hoy ellos actúan con mucho gozo y paz, bendiciendo y ministrándole a muchas personas. Eso es algo bueno, pero está mal que ellos digan: "Dios me convirtió en un parapléjico para que pudiera aprender esto". No, el Señor trató de enseñarles por el Espíritu Santo a través de la Palabra de Dios.

Si tú no respondes a la Palabra del Señor, hay otros medios a través de los cuales puedes aprender. Tú puedes aprender a golpes, si los sobrevives. Las experiencias difíciles de la vida constituyen apasionantes testimonios, si las sobrevives. Muchas personas no lo logran. Pero ése no es el sistema de Dios. Él nos enseña a través de Su Palabra.

Considera Estas Verdades

Dios puede hacer que cualquier cosa que nos sucede obre para bien, pero no todo lo que sucede proviene de Dios (Jn. 10:10). La enfermedad no es de Dios (Stg. 1:16-17). El Señor no te está infligiendo una enfermedad para llenarte de humildad. ¡Dios quiere que estés sano!

Dios no afligió a Pablo. Fue un mensajero de Satanás el que lo atacó. El Señor no se negó a sanarlo, diciéndole: "Aguántate". No, el Señor le dijo; "Pablo, te doy la gracia para que resistas todas las dificultades y las persecuciones que el diablo y la gente van a interponer por tu camino". Dios amaba a esas personas. Él no quería matarlos y deshacerse de ellos solamente para ponerle fin a los problemas de Pablo. Por allí había otros Saulos que necesitaban ser convertidos y convertirse en portavoces de Dios. Por lo tanto, el Señor no detuvo la persecución en contra del apóstol Pablo. Era un mensajero demoníaco el que provocaba dificultades y persecuciones en contra de él. Este aguijón en la carne había sido enviado por Satanás para tratar de derrotar a Pablo y evitar que fuera exaltado y usado por Dios.

Estas son verdades poderosas que son congruentes con toda la totalidad de la Palabra de Dios.

No es la voluntad de Dios que estés enfermo, así que deja de pensar que "un aguijón en la carne" representa exclusivamente una enfermedad. Deja de aferrarte a este prejuicio religioso que está en contra de la sanidad. Aléjate de este concepto equivocado que dice que ahora el Señor te está infligiendo una enfermedad para enseñarte algo. Tú debes examinar la Palabra de Dios con sencillez, y considerar con honestidad estas verdades que hemos estudiado hasta aquí. Examina la Biblia tú mismo. Considera el contexto y los significados de las palabras en el idioma original. Yo creo que conforme la estudies por tu cuenta descubrirás que allí está demostrado lo que he compartido contigo.

Es una arbitrariedad religiosa, un prejuicio, y una aprensión lo que defiende la idea de que Dios te quiere enfermo. Es una teología convenenciera porque evade la responsabilidad. Como este prejuicio existe, la gente ha tomado la Palabra de Dios y ha tratado de hacer que diga cosas que no dice.

Estas verdades que he compartido contigo te ayudarán a establecer en tu corazón que siempre es la voluntad de Dios que estés sano.

CAPÍTULO 10
Jesús Sanaba a Todos

LA SANIDAD ES parte de la expiación de Cristo (Is. 53:4-5). Por lo tanto *no es un accesorio o algo que se añade a la salvación*. Es un trato hecho (1 P. 2:24). A través de la muerte, el entierro, y la resurrección de Cristo, la sanidad ya ha sido suministrada. El aguijón en la carne de Pablo era un mensajero demoníaco que incitaba a la gente a llevar a cabo la persecución (2 Co. 12:7). No era una enfermedad. Hoy por hoy, el Señor no le está imponiendo enfermedad ni dolencias a nadie. En el Nuevo Pacto, somos redimidos de la maldición de la ley (Dt. 28:15-68; Ga. 3:13-14). A través de la fe en Cristo y en lo que Él ha hecho, todas las bendiciones—incluyendo la salud—son nuestras en Él (Dt. 28:1-14; Ef. 1:3). Ojalá que ya estés de acuerdo con lo que la Palabra dice.

Si Satanás puede hacerte creer que Dios quiere que estés enfermo, que hay algún propósito por el que estás enfermo, y que el Señor está usando esa enfermedad por alguna razón, entonces verdaderamente para ti es imposible que seas congruente al pelear en contra de eso porque existe la posibilidad de que te encuentres peleando con Dios. Por lo tanto te hace pasivo.

Santiago 4:7 dice:

Someteos, pues, a Dios; resistid al diablo, y huirá de vosotros.

Debemos resistir al diablo. *Resistir* significa "luchar activamente en contra de algo". Si Satanás puede hacer que adoptemos una actitud pasiva y que digamos: "Bueno, será lo que Dios quiera", y no estamos luchando activamente en contra del diablo, entonces él podrá agobiarnos con la enfermedad y los padecimientos. Tenemos que saber que cuando estamos peleando en contra de la enfermedad estamos cumpliendo con la voluntad de Dios y que no estamos peleando en Su contra ni nos estamos rebelando en contra de alguna forma de corrección o castigo que Él haya enviado a nuestra vida. Esencialmente, hoy por hoy la religión ha dicho que la enfermedad proviene de Dios, que Él la usa para que Su voluntad se manifieste en nuestra vida, y que está mal ejercer la fe para recibir sanidad. Tenemos que eliminar totalmente esas ideas de nuestros corazones y de nuestras mentes para que verdaderamente podamos usar la fe para recibir nuestra sanidad. Estos son los fundamentos.

Ahora bien, una vez que eso está establecido y que alguien verdaderamente cree, eso no significa que esa persona va a sanar automáticamente. Sí, tienes que creer que es la voluntad de Dios que estés sano, pero además hay otros factores que están involucrados para ver que la sanidad se manifieste. Eso es lo que vamos a ver en los siguientes capítulos. Si es la voluntad de Dios sanar a la gente, y si Él no es el que nos impone enfermedades, entonces ¿por qué no sanan todos?

Jesucristo no Ha Cambiado

En primer lugar, cuando Jesucristo estuvo aquí en la tierra, toda persona que le permitió a Él que le ministrara, sanaba. Jesucristo los sanó a todos, y no lo hizo solamente una vez. Él lo hizo en varias ocasiones. Jesucristo era la imagen misma del Padre. Él dijo: "Yo hago las cosas que veo que mi Padre hace". Tan sólo el hecho de que Jesucristo sanó a todos, que nunca se le vio negándose a sanar a alguien, ni imponiéndole enfermedad a alguien, debería ser suficiente prueba de que Dios no es el autor de la enfermedad.

Tan sólo en los Evangelios, hay diecisiete casos en los que Jesucristo sanó a todos los enfermos que estaban presentes. Aunque los Evangelios de Marcos, Lucas, y Juan también tienen ejemplos de esto, nos basaremos en el Evangelio de Mateo para este análisis. ¡Jesucristo sí los sanó a todos, y Él no ha cambiado!

Jesucristo es el mismo ayer, y hoy, y por los siglos.

Hebreos 13:8

Cristo no es el que ha cambiado, sus seguidores sí. No lo estamos representando como Él verdaderamente quiere ser representado. Hoy en día no es Dios el que no está sanando al enfermo, son sus seguidores. Verdaderamente hemos retrocedido en esta área.

Mateo 4:23-24 dice que:

Recorrió Jesús toda Galilea, enseñando en las sinagogas de ellos, y predicando el evangelio del reino, y sanando toda enfermedad y toda dolencia en el pueblo. Y se difundió su fama por toda Siria; y le trajeron todos los que tenían dolencias, los afligidos por diversas enfermedades y tormentos, los endemoniados, lunáticos y paralíticos; y los sanó.

Gente con todo tipo de enfermedades, dolencias, y tormentos eran llevados a Jesús y Él los sanaba. Él no solamente sanó a algunos, ¡los sanó a todos!

Toda Enfermedad y Toda Dolencia

Y cuando llegó la noche, trajeron a él muchos endemoniados; y con la palabra echó fuera a los demonios, y sanó a todos los enfermos; para que se cumpliese lo dicho por el profeta Isaías, cuando dijo: El mismo tomó nuestras enfermedades, y llevó nuestras dolencias.

Mateo 8:16-17

Este versículo afirma claramente que Jesucristo sanó a todos los enfermos—no solamente a algunos, sino a todos.

◆ ◆ ◆

Recorría Jesús todas las ciudades y aldeas, enseñando en las sinagogas de ellos, y predicando el evangelio del reino, y sanando toda enfermedad y toda dolencia en el pueblo.

MATEO 9:35

¡Qué declaración tan poderosa! Jesucristo estaba sanando toda enfermedad y toda dolencia entre la gente. Él sanó no solamente a algunas personas y a otras las dejó partir estando aún enfermas. Jesucristo las sanó a todas.

Sabiendo esto Jesús, se apartó de allí; y le siguió mucha gente, y sanaba a todos.

MATEO 12:15

Inclusive cuando le ministró a grandes multitudes, Él los sanó a todos. ¡La voluntad de Dios es que estés bien! La vida y el ejemplo de Jesucristo son claros: Él los sanó a todos. El Señor nunca se negó a sanar a nadie. Hubo algunos que se negaron a recibir la sanidad, éste es un tema con el que voy a tratar más adelante, pero Él sanó a todos los que recibieron Su ministración.

Y saliendo Jesús, vio una gran multitud, y tuvo compasión de ellos, y sanó a los que de ellos estaban enfermos.

MATEO 14:14

Y terminada la travesía, vinieron a tierra de Genesaret. Cuando le conocieron los hombres de aquel lugar, enviaron noticia por toda aquella tierra alrededor, y trajeron a él todos los enfermos; y le rogaban que les dejase tocar solamente el borde de su manto; y todos los que lo tocaron, quedaron sanos.

MATEO 14:34-36

Gloria Para Dios, no Para el Diablo

Y se le acercó mucha gente que traía consigo a cojos, ciegos, mudos, mancos, y otros muchos enfermos; y los pusieron a los pies de Jesús, y los sanó;

MATEO 15:30

Como ya vimos, esto implica que Él sanó a cada uno de ellos. El versículo 31 muestra los resultados:

De manera que la multitud se maravillaba, viendo a los mudos hablar, a los mancos sanados, a los cojos andar, y a los ciegos ver; y glorificaban al Dios de Israel.

Algo que le dio gloria a Dios no es algo que proceda del diablo. Decir que las sanidades milagrosas son cosa del diablo no es más que un subterfugio. Es una excusa por su impotencia. Es una manera de justificarse a sí mismos, y para hacerlo, ellos tienen que condenar a aquellos que están siguiendo el ejemplo de Jesucristo.

Y le siguieron grandes multitudes, y los sanó allí.

MATEO 19:2

Y vinieron a él en el templo ciegos y cojos, y los sanó.

MATEO 21:14 RVA

Estos son unos pocos de los diecisiete casos diferentes que se encuentran en los Evangelios donde Jesucristo sanó a todos los que vinieron a Él (el resto está enumerado al final de este libro en la sección llamada *¿Siempre es la Voluntad de Dios Sanar a la Gente?*). Como Jesús dijo que Él hizo exactamente lo que vio hacer a Su Padre, y Hebreos 1:3 dice que Él era la imagen misma del padre, esto muestra que la voluntad de Dios es sanarnos a todos.

Entonces ¿por qué no vemos que todas las personas sanan? Ésa es una pregunta simple, pero tiene una respuesta compleja, que vamos a tratar en los siguientes capítulos.

CAPÍTULO 11
¿Por Qué No Todos Son Sanados?

SI ES LA voluntad de Dios sanarnos a todos, entonces ¿por qué no todos son sanados? Los discípulos de Jesucristo le preguntaron básicamente la misma pregunta en Mateo 17.

> *Viniendo entonces los discípulos a Jesús, aparte, dijeron: ¿Por qué nosotros no pudimos echarlo fuera?*
>
> **MATEO 17:19**

En la primera parte de este capítulo, Jesucristo había tomado a tres de sus discípulos—Pedro, Santiago, y Juan—y había subido a una montaña. Allí fue donde Él se transfiguró. Él literalmente empezó a radiar la *shekinah*-la gloria de Dios. Una nube cubrió a Jesús y a estos tres discípulos, y una voz audible salió de la nube diciendo:

> *Este es mi Hijo amado, en quien tengo complacencia; a él oíd.*
>
> **MATEO 17:5 RVA**

Elías y Moisés se aparecieron y hablaron con Jesucristo sobre Su crucifixión, que estaba muy próxima. Los discípulos vieron todo esto, y ellos tuvieron una experiencia gloriosa, maravillosa. Luego bajaron de la montaña para reunirse con los otros discípulos y con la multitud que se había juntado allí.

> *Cuando llegaron al gentío, vino a él un hombre que se arrodilló delante de él, diciendo: Señor, ten misericordia de mi hijo, que es lunático, y padece*

muchísimo; porque muchas veces cae en el fuego, y muchas en el agua. Y lo he traído a tus discípulos, pero no le han podido sanar.

Mateo 17:14-16

Mientras Jesucristo estaba en la cima de la montaña con Pedro, Santiago, y Juan, los otros discípulos estaban abajo. Un hombre tenía un hijo de quien la Escritura dice que era lunático, que sufría de ataques, probablemente algo parecido a la epilepsia. Esto está descrito en el relato de Marcos sobre el mismo hecho (Mr. 9:17-29). El padre había traído a este muchacho ante los discípulos de Jesús para que le sacaran ese demonio, pero ellos no pudieron hacerlo.

Respondiendo Jesús, dijo: ¡Oh generación incrédula y perversa! ¿Hasta cuándo he de estar con vosotros? ¿Hasta cuándo os he de soportar? Traédmelo acá.

Mateo 17:17

Jesucristo estaba disgustado por la incapacidad de los discípulos para producir esta sanidad. Si el Señor hubiera estado allí, Él habría sanado a este muchacho, cosa que Él hizo más adelante. Jesucristo estaba muy disgustado con sus discípulos por su incapacidad para tratar con esta situación. Ésta es una actitud totalmente diferente de la que la mayoría de la gente tiene hoy en día.

"Yo He Fallado"

Es más, algunas personas criticarán lo que enseño en este libro porque estoy diciendo que la voluntad de Dios es sanar a todo el mundo todo el tiempo. Una razón obvia por la que no vemos que la gente sana hoy es que no tenemos fe en Dios para esto. Estamos operando con incredulidad. En vez de aceptar eso, algunas personas me criticarán, diciendo: "Tú no tienes compasión. Solamente estás criticando a la gente por la que deberías sentir compasión. Tú deberías decirles que ellos están haciendo las cosas lo mejor que pueden, y que eso está bien".

Bueno, ¿cómo respondió Jesucristo? Cuando Él se dio cuenta de que sus discípulos no pudieron lidiar con esta situación, Él declaró: "¡Oh generación incrédula y perversa! ¿Hasta cuando he de estar con vosotros? ¿Hasta cuándo os he de soportar? Traédmelo acá". ¿Verdaderamente crees que hoy Jesucristo nos respondería con más compasión? ¿Tú crees que el Señor ha cambiado, y que ahora Él no quiere que le ministremos sanidad a la gente? ¡De ninguna manera!

Yo he fallado. No siempre veo que la sanidad se manifieste. He visto morir a algunas personas con las que tenía una relación estrecha, y también a familiares y amigos a los que yo amaba con todo el corazón. He tenido que aceptar algo de responsabilidad. Éste es un asunto complejo. No estoy diciendo que sólo haya sido mi culpa, o que solamente haya sido su culpa, o que haya sido la culpa de alguien más. Todavía estoy aprendiendo. Pero lo que estoy diciendo es que yo sé que la voluntad de Dios para estas personas era que sanaran.

Yo oré durante varios meses para que mi papá sanara, pero finalmente murió. Yo solamente tenía doce años de edad en ese entonces. Unos años después, presencié la muerte de una muchacha a la que estaba pensando pedirle matrimonio (en realidad no estaba comprometido con ella, pero habíamos hablado al respecto. Yo era un soldado en Vietnam y la familia de esta muchacha le dijo a la gente que yo estaba comprometido con ella; eso facilitó que me dieran un permiso por emergencia para salir de Vietnam y venir a casa durante ese tiempo). Yo recuerdo que estaba con ella cuando ella se ahogó con su propia sangre. Estuvimos con ella orando por horas y tratando de hacerla resucitar de entre los muertos, pero no sucedió.

Yo comprendo que la gente quiera evadir la responsabilidad porque no pueden lidiar con esto. Si la gente pensara que podían haber hecho algo para evitar la muerte de ese ser querido, eso haría que se sintieran muy culpables. Y tendrían que decir: "He fallado". Bueno, yo creo que yo fallé. Creo que no sólo fallé yo, también falló esta muchacha, y mi papá, y otras personas—no nos apropiamos de lo que Jesucristo ya había suministrado para nosotros. Por lo tanto sí, fallamos. Pero, ¿estoy condenado por eso? No, no me siento condenado en lo más mínimo. Yo creo que Dios me ama. Él me ha confortado. Pero conocer la verdad me ha motivado para profundizar y aprender lo que Su Palabra dice y no permitir que esto vuelva a suceder. Créeme, ¡estoy muy motivado! Me doy cuenta de que no es Dios el que permite que la gente se muera. Somos nosotros, y es por nuestra incredulidad.

Nosotros Somos los Responsables

Jesucristo dijo: "Generación incrédula y perversa". Hoy, cuando la gente viene a la iglesia con problemas de dinero, los mandamos con los prestamistas preguntándoles: "¿Ya fuiste al banco? ¿Ya viste a los trabajadores sociales?" Si vienen enfermos les preguntamos: "¿Ya fuiste al doctor? ¿Tiene que operarte? ¿Ya tomaste medicina?" Si están deprimidos y desanimados, les preguntamos: "¿Ya tomaste medicina para esto? ¿Ya fuiste con el psiquiatra? Necesitas un psiquiatra y algo de terapia". Dicho en otras palabras, hemos renunciado a nuestra autoridad y responsabilidad de proveer a las necesidades de la gente. Y hoy por hoy la gente piensa que tú eres inconsiderado y que no tienes compasión si le dices a la gente: "Es nuestra responsabilidad ministrarle al enfermo, al pobre, y al endemoniado".

Jesucristo no estaba satisfecho con el hecho de que sus discípulos no pudieron efectuar esa cura. El Señor no está satisfecho hoy con el hecho de que Sus discípulos no están viendo sanar a todos los enfermos. La voluntad de Dios es sanar cada una de las personas en cada una de las ocasiones. La razón por la que esto no sucede no es que Dios no lo hace. Es que sus representantes no están operando con todo lo que Él nos ha suministrado.

Sí, esto hace que la responsabilidad recaiga en mí. Sí, significa que he fallado. Sí, esto significa que otras personas también han fallado. Yo prefiero mantener la integridad de Dios y no la mía. Dios es un Dios bueno, y Él no hace que la gente se muera. Dios no es el que le está infligiendo enfermedades terminales como el cáncer y el SIDA a la gente. Así no son las cosas.

El Pecado

Hay tres razones principales por las que la gente se enferma. Una de ellas es el pecado.

Después de sanar al hombre en el estanque de Betesda, Jesucristo le dijo:

Mira, has sido sanado; no peques más, para que no te venga alguna cosa peor.

Juan 5:14 RVA

Jesucristo dejó muy claro en este versículo que este hombre podría volver a enfermarse de lo mismo, o hasta de algo peor si pecaba. Por lo tanto, esto significa que Jesucristo relacionó a la enfermedad con el pecado. Ahora bien, ésta no es la única razón por la que la gente se enferma, pero es una de éstas.

Si un alcohólico bebe durante toda su vida y se enferma del hígado, él es el responsable. Satanás usa las acciones de esa persona para obtener acceso a su vida. Si después esa persona adquiere una enfermedad del hígado no es porque Dios se la haya infligido, ni porque directamente lo haya hecho el diablo, sino porque esa persona está cosechando los resultados de su pecado (Ro. 6:21-23). Las personas que consumen drogas le causan daño a su cerebro. Con frecuencia se contagian de enfermedades que se transmiten cuando comparten jeringas contaminadas. La gente que es promiscua se enferma de enfermedades sexuales transmisibles. Esto no les sucede porque Satanás los está castigando. Se lo están ocasionando a sí mismos. Ellos le han abierto una puerta a la enfermedad a través del pecado.

Un Ataque Directo

La segunda razón por la que la gente se enferma es que estamos en una batalla en contra del diablo. Algunas personas no están conscientes de esto, pero no todo lo que sucede es solamente algo físico. Hay una batalla espiritual en apogeo entre los ángeles de Dios que están ejecutando Su voluntad y los espíritus demoníacos que están ejecutando la voluntad de Satanás. Algunas veces nuestro enemigo nos ataca y no es por algún pecado que estemos cometiendo. En cierto sentido, el pecado es la raíz, porque Satanás fue desatado en esta tierra a causa del pecado, pero la enfermedad no siempre se origina por el pecado individual.

Jesucristo habló de esto en relación al hombre que había nacido ciego, que estaba en la puerta del templo.

> *Y le preguntaron sus discípulos, diciendo: Rabí, ¿quién pecó, éste o sus padres, para que haya nacido ciego? Respondió Jesús: No es que pecó éste, ni sus padres, sino para que las obras de Dios se manifiesten en él.*

> **JUAN 9:2-3**

El Señor no dijo que ni este hombre ni sus padres nunca hubieran pecado. La Biblia es muy clara al respecto.

> *Por cuanto todos pecaron, y están destituidos de la gloria de Dios.*

> **ROMANOS 3:23**

Aunque ellos habían pecado, Jesucristo estaba diciendo que ni el pecado de este hombre ni el pecado de sus padres había causado esa ceguera. Simplemente ocurrió. Hay una batalla espiritual desarrollándose, y Satanás anda alrededor buscando a quien devorar (1 P. 5:8).

El pecado es una de las razones por las que la gente se enferma. Otra razón es que estamos viviendo en un mundo que está contaminado por el pecado, y hay batallas espirituales. Algunas veces Satanás simplemente nos ataca con cosas. Una enfermedad podría ser simplemente un ataque directo de parte del diablo.

Cosas Naturales

La tercera razón por la que la gente se enferma son simple y sencillamente cosas naturales. Esto es algo que muchos Cristianos que han sido bautizados en el Espíritu Santo no han considerado. Ellos reconocen las primeras dos razones—que el pecado es una brecha para Satanás en nuestra vida que le permite hacer cosas, y que estamos en medio de una batalla espiritual y algunas veces el diablo nos ataca. Sin embargo, algunos Cristianos que han sido bautizados en el Espíritu Santo, con frecuencia espiritualizan tanto todo que ellos no reconocen que hay otras cosas que suceden de manera natural.

Si no pusieras atención cuando te bajas por una escalera, podrías tropezarte, caerte, y fracturarte una pierna, el cuello, o la clavícula. Podrían sucederte toda clase de cosas malas. Sin embargo, si eso sucediera la causa no sería el pecado ni el diablo, simplemente habría sido algo natural. Podrías lastimarte, resfriarte, contraer una infección, padecer hinchazón—muchas cosas—y la causa podría ser algo natural.

Escuché que una persona se aventó de clavado en un lago, se golpeó contra una roca que estaba en el fondo y se rompió la columna vertebral. Ahora esa persona está afectada de tetraplejia. En realidad no fue el diablo el que le hizo esto. Es posible que el diablo haya tentado a esta persona a actuar sin pensar y a hacer algo tonto, pero en resumidas cuentas fue algo natural. Cuando una persona pierde una de sus extremidades en un accidente automovilístico, en realidad no fue obra del diablo, más bien fue algo natural.

Desde que la humanidad cayó y el pecado contaminó la tierra, toda clase de cosas que eran buenas, como los gérmenes, las bacterias, los virus y los hongos, se corrompieron y ahora atacan a nuestros cuerpos humanos. En este mundo que ha sido afectado por el pecado original, algunas cosas son simplemente naturales.

En una ocasión, un hombre al que yo conocía se accidentó cuando estaba techando una casa. Le dio un martillazo a un clavo, el clavo se partió y un pedazo saltó y se le metió al ojo. Muchas personas dirían: "Bueno, fue el diablo", pero la realidad es que los accidentes suceden. La gente no es perfecta. Algunas veces las cosas que suceden son algo natural.

¡Siempre Hay Algo que Podemos Hacer al Respecto!

Tú puedes abrir una puerta a la enfermedad a través del pecado.

O podría ser algo natural. Si te caes del techo de tu casa, te vas a lastimar. Podrías dañar o romper algo. No significa que la causa sea algo demoníaco. No es pecado. Simplemente es algo natural. Algunas veces suceden cosas como ésas.

O podría ser que el diablo se estuviera valiendo de las consecuencias de un pecado que tú no cometiste. De hecho, el que Satanás pelee contra ti es una muy buena señal de que estás haciendo algo bien. El enemigo trata de estorbar a la gente que lo combate y que es sensible a Dios. Tú puedes darte cuenta que ya llegase a la Tierra Prometida cuando te encuentras a los gigantes. El que los problemas se planten enfrente de ti, en algunas ocasiones es una señal de que estás haciendo las cosas bien y no mal.

La buena nueva es que no importa lo que haya causado la enfermedad—sea el pecado, el diablo, o una causa natural—siempre hay algo que podemos hacer al respecto. Como el Señor nos ha redimido de la enfermedad y los padecimientos, nosotros podemos ejercer nuestra autoridad, usar nuestra fe, y realizar una curación. Inclusive si nuestro propio pecado abrió una puerta y lanzó la enfermedad sobre nosotros, podemos arrepentirnos y alejarnos de él, y podemos liberar el perdón y el poder sanador de Dios en nuestras vidas. Sin importar cómo se originan las enfermedades y los padecimientos, siempre hay algo que como creyentes podemos hacer al respecto.

CAPÍTULO 12
Por Vuestra Incredulidad

DESPUÉS DE QUE Jesús reprendió a Sus discípulos, se acercó al muchacho endemoniado y lo sanó.

> *Y reprendió Jesús al demonio, el cual salió del muchacho, y éste quedó sano desde aquella hora.*

MATEO 17:18

Los discípulos inmediatamente llamaron a Jesús aparte y le preguntaron:

> *¿Por qué nosotros no pudimos echarlo fuera?*

MATEO 17:19

Éste es el asunto que estamos tratando. Si es la voluntad de Dios sanar a la gente, y Jesucristo sanó a este muchacho, ¿por qué los discípulos no pudieron sanarlo? Si creemos que es la voluntad de Dios que todos sanen, entonces ¿cómo es que no siempre vemos que todos sanan? ¿Cuáles son las razones por las que algunos no sanan?

La Razón por la que Estaban Confundidos

Los discípulos que le hicieron a Jesucristo la pregunta: "¿Por qué nosotros no pudimos echarlo fuera?" creían que la voluntad de Dios era sanar a la gente. Ellos sabían que tenían el poder para sacar a esos demonios. Ya habían recibido poder y autoridad para sanar al enfermo y para echar fuera demonios. La Biblia pone esto de manifiesto siete capítulos antes.

Entonces llamando a sus doce discípulos, les dio autoridad sobre los espíritus inmundos, para que los echasen fuera, y para sanar toda enfermedad y toda dolencia...Sanad enfermos, limpiad leprosos, resucitad muertos, echad fuera demonios.

Mateo 10:1,8

Los relatos paralelos a este pasaje hacen constar que estos discípulos...

Echaban fuera muchos demonios, y ungían con aceite a muchos enfermos, y los sanaban.

Marcos 6:13

Y saliendo, pasaban por todas las aldeas, anunciando el evangelio y sanando por todas partes.

Lucas 9:6

Cuando regresaron los apósteles de ministrarle a la gente, la narración no registra ni una pregunta. Esto significa que estos mismos discípulos que en Mateo 17 preguntaron: "¿Por qué nosotros no pudimos echarlo fuera?", ya habían actuado con fe y habían usado este poder y esta autoridad con éxito en Marcos 6. No fue porque no creyeran que hicieron esta pregunta. Ellos tenían fe. Ellos ya habían ejercitado ese poder y habían visto buenos resultados. Es por esto que estaban confundidos.

Si estos discípulos hubieran pensado: "Nosotros no creemos que alguien pueda sanar a una persona que tenga una dolencia como esta. Nosotros no creemos que Dios puede hacer eso", no habrían hecho esta pregunta. Tan sólo el hecho de que ellos hayan hecho esta pregunta muestra que sí creían, y sin embargo no obtuvieron los resultados que deseaban.

Simple, Pero Profundo

Esto es importante. La gente que no cree que Dios quiere que estemos sanos no invierte mucho tiempo preguntándose: "¿Por qué no todos son sanados?" Esto se debe a que estas personas no creen que la voluntad de Dios sea sanar a todos. Las personas que se sienten perplejas son las que creen que sí es la voluntad de Dios sanar a la gente, pero que no están viendo que todas las personas—quizá ni siquiera ellas mismas—sanan. ¿Por qué sucede eso?

La respuesta que Jesucristo dio en el versículo 20 es muy reveladora:

Por vuestra incredulidad.

Mateo 17:20 RVA

Esto es simple, pero profundo. "Por vuestra incredulidad".

Esto es diferente de lo que la mayoría de la gente diría. Si hubiera llegado hasta este punto sin mostrarte este peculiar pasaje de la Escritura, tú probablemente no habrías contestado lo que Jesús dijo. Si yo estuviera hablando contigo en persona y te preguntara: "¿Por qué no sanan todos?" tú probablemente habrías dicho algo así: "Pues bien, es porque ellos no tienen suficiente fe". Ésa es la respuesta típica que daría la mayoría de la gente.

Ahora bien, es verdad que si una persona no tiene fe entonces eso afectará su capacidad para poder recibir sanidad. En cada ejemplo en el que Jesucristo ministró sanidad, alguna medida de fe estuvo presente. Algunas personas podrían argumentar: "¿Y qué decir de Lucas 7:11-16, donde Jesucristo resucitó al joven de entre los muertos en la ciudad de Naín?" Fue un acto de fe el hecho de que esta madre viuda le haya permitido a Jesús que interfiriera en la procesión funeraria y en su pena. Después de eso ella respondió positivamente cuando Él le ordenó: "No llores". Si la fe no hubiera estado presente, tanto ella como los otros que estaban presentes habrían reaccionado de una manera muy diferente. En cada ejemplo donde Jesucristo le ministró sanidad a alguien tuvo que haber alguna medida de fe presente.

Extiende los Brazos y Tómalo

Algunas veces la gente se acercaba a Jesucristo como la mujer en Marcos 5.

Pensaba: «Si logro tocar siquiera su ropa, quedaré sana.»

MARCOS 5:28

Ella tocó el borde de Su manto con fe, el poder de Dios fluyó, y esta mujer se curó. El Señor le dijo: "Tu fe te ha sanado" (Mr. 5:34 Nueva Versión Internacional). Ahora bien, ésa es una fe muy fuerte. Ésa es la fe que extiende los brazos y toma lo que Dios tiene para dar.

No todo el que ha recibido sanidad mostró esa clase de fe, pero por lo menos tuvo que tener lo que yo llamo una fe "pasiva". A lo mejor tú no tienes la clase de fe que extiende los brazos y toma, pero si vas a recibir sanidad a través de mi oración y de mi fe, entonces por lo menos debes tener una fe pasiva que reciba la sanidad si yo te la traigo. Esto amerita más explicación.

Si tú le preguntaras al común de las gentes "¿Por qué no todos son sanados?", la mayoría respondería: "Bueno, es porque no tienen suficiente fe". Es verdad que si una persona no está actuando con fe eso le obstaculizará su capacidad para recibir, pero eso no es lo que el Señor dijo.

Jesús les dijo: Por vuestra incredulidad.

MATEO 17:20 RVA

Él no dijo que era porque tenían poca fe. Él dijo que era porque tenían incredulidad.

Creer y Dudar al Mismo Tiempo

Ahora bien, algunas versiones de la Biblia traducen con imprecisión este versículo diciendo: "Porque ustedes tienen muy poca fe". ¡Ésa es una traducción terrible! No es lo que este versículo está diciendo. Si tú analizaras la mayoría de las traducciones al inglés, especialmente las que son más literales, verías que la traducción de este versículo es "Por vuestra incredulidad" y no "Por vuestra poca fe".

A lo mejor te estás preguntando: "Y bien, ¿cuál es la diferencia? Si tú tienes incredulidad, entonces eso significa que no tienes fe. Si tienes fe, significa que no tienes nada de incredulidad". No, eso no es verdad.

La mayoría de las personas tienen este concepto de que si tienes fe en Dios, entonces automáticamente eso significa que no tienes nada de incredulidad. Por el otro lado, creen que si tú tuvieras algo de incredulidad entonces eso significaría que no tienes nada de fe. Si verdaderamente tuvieras fe, tendrías cero incredulidad. Esto no es lo que la Palabra enseña.

> *Porque de cierto os digo que cualquiera que dijere a este monte: Quítate y échate en el mar, y no dudare en su corazón, sino creyere que será hecho lo que dice, lo que diga le será hecho.*

> **MARCOS 11:23**

Jesucristo dijo que tienes que hablarle a la montaña. Se entiende que debes hablar con fe, y no dudar en tu corazón. Si tener fe verdaderamente significara que automáticamente tienes cero incredulidad, entonces ¿por qué Jesucristo incluyó esta parte que dice: "y no dudare en su corazón"? La verdad es que, tú puedes creer y dudar al mismo tiempo.

Al Mismo Tiempo

Considera el pasaje paralelo, en Marcos 9, de la historia de un padre y su hijo endemoniado.

> *Y se lo trajeron; y cuando el espíritu vio a Jesús, sacudió con violencia al muchacho, quien cayendo en tierra se revolcaba, echando espumarajos. Jesús preguntó al padre: ¿Cuánto tiempo hace que le sucede esto? Y él dijo: Desde niño. Y muchas veces le echa en el fuego y en el agua, para matarle; pero si puedes hacer algo, ten misericordia de nosotros, y ayúdanos. Jesús le dijo: Si puedes creer, al que cree todo le es posible.*

Marcos 9:20-23

En otras palabras, cuando el padre vio que su hijo presentaba un ataque, se sintió exasperado y frustrado. Finalmente él vio a Jesús y le dijo: "Si puedes hacer algo, ayúdanos". Este padre empezó a dudar y a desesperarse. Él estaba fijándose en la situación y estaba diciendo: "Dios, ni siquiera sé si Tú puedes lidiar con esto". Jesucristo, en vez de aceptar toda la responsabilidad por esta curación se volvió hacia el padre y declaró: "Si puedes creer, al que cree todo le es posible".

Ahora fíjate cómo respondió este Padre.

> *E inmediatamente el padre del muchacho clamó y dijo: Creo; ayuda mi incredulidad.*

Marcos 9:24

Jesucristo no dijo: "Vaya, ésa es una afirmación tonta. Si tú verdaderamente crees, entonces no puedes tener incredulidad. Si tú tienes algo de incredulidad, entonces no estás creyendo realmente". El Señor no lo corrigió, ni lo reprendió, ni dijo algo como eso. Él se volvió hacia el muchacho y lo sanó. Esto muestra que tú puedes tener fe, y no obstante tener incredulidad, al mismo tiempo.

◆ ◆ ◆

La Fe Neutralizada

Imagínate un grupo de caballos enganchado a un carro. Bajo circunstancias normales, los caballos ejercerían suficiente fuerza y serían capaces de mover ese carro. Pero si tú engancharas el mismo número de caballos del otro lado del carro, e hicieras que jalaran al mismo tiempo en dirección opuesta, el efecto neto en ese peso sería cero. Mientras que los dos grupos de caballos estén jalando ese carro en direcciones opuestas, el carro no se moverá porque están neutralizando sus fuerzas. Un grupo de caballos está anulando al otro. Se están contrapesando unos a otros.

Esto es lo que Jesucristo estaba diciendo aquí en Mateo 17:20. Él no le dijo a sus discípulos: "Es porque ustedes no tienen suficiente fe". Él dijo: "Es por su incredulidad. Su incredulidad anuló la fe que tenían".

Con anterioridad estos hombres habían actuado con fe. Ellos habían visto a los demonios salir y a la gente sanar y ser liberada. Esta vez ellos hicieron lo mismo que habían hecho con anterioridad, pero no obtuvieron los mismos resultados. Por eso estaban confundidos. Ellos sabían que tenían fe en Dios. Entonces le preguntaron: "¿Por qué nosotros no pudimos echarlo fuera?" Jesucristo no contestó: "Por vuestra poca fe". Él dijo: "Es por vuestra incredulidad".

Un Grano Diminuto, Pequeñito, de Mostaza

Traducirlo así: "Por vuestra poca fe" no tiene sentido cuando analizas el resto del versículo.

Jesús les dijo: Por vuestra incredulidad; porque de cierto os digo, que si tuviereis fe como un grano de mostaza, diréis á este monte: Pásate de aquí allá: y se pasará: y nada os será imposible.

MATEO 17:20 RVA

* * *

Jesucristo estaba diciendo: "Si tu fe fuera del tamaño de un grano de mostaza nada te sería imposible". Una semilla de mostaza es una de las semillas más pequeñas. Es como una de esas semillas de ajonjolí en un bollo de pan. El punto que el Señor estaba aclarando es que aunque tu fe sea pequeña, es suficiente para echar a una montaña al mar. No necesitas una fe grande; simplemente necesitas una fe que no esté neutralizada, contrapesada, ni anulada porque la incredulidad esté jalando en la dirección opuesta. Una fe del tamaño de un grano diminuto y pequeñito de mostaza es todo lo que necesitas para hablarle a la montaña y para ver que se echa al mar sin que ni siquiera tengas que tocarla físicamente.

Si Jesucristo verdaderamente hubiera estado diciendo: "Es por vuestra poca fe", entonces Él habría contradicho y contrarrestado precisamente el punto que estaba estableciendo en el resto del versículo al decir que la fe del tamaño de un grano de mostaza hará que un monte se mueva. ¿Ves la discrepancia? No tiene sentido. Jesús estaba diciendo: "Muchachos, el problema no es que no tuvieran fe. El problema es que su incredulidad anuló su fe. Por eso no vieron los resultados que deseaban".

Capítulo 13
La Fe Anulada

Después de que por primera vez resucité a una persona de entre los muertos, me entusiasmé mucho. Estaba muy emocionado. Yo pensé: "¡Si puedo resucitar a alguien de entre los muertos, entonces eso significa que puedo ver ciegos y sordos sanar, gente que se levanta de sus sillas de ruedas—cualquier cosa!" Estaba ministrando en un servicio en Omaha, Nebraska. En frente de mí a mi mano derecha, estaba un hombre sentado en una silla de ruedas. Yo estaba muy entusiasmado. Pensé: "Dios, ya te he visto resucitar una persona de entre los muertos, por lo tanto yo sé que este hombre va a ser sanado". Me moría de impaciencia por terminar de predicar y poder acercarme y ministrarle a este hombre. Así que me acerqué a él, lo tomé de la mano, y declaré: "¡En el nombre de Jesús de Nazaret, levántate y camina!" Cuando lo jalé de la silla de ruedas, se vino hacia adelante, y se cayó de bruces. Como él sufría de parálisis, no pudo pararse ni evitar la caída.

Cuando eso sucedió, se podían escuchar las expresiones y las exclamaciones de incredulidad y asombro de la gente. Yo también me asusté. Sentí vergüenza y me sentí humillado. Pensé: "Mira lo que le hice a este hombre. Lo avergoncé y lo humillé". Me sentí terrible. Me agaché, y agarré a este hombre sosteniéndolo de su torso con una mano por delante y una por detrás, lo cargué con mucho esfuerzo para volver a sentarlo en la silla de ruedas, y le dije lo equivalente de: "Id en paz, calentaos y saciaos" (Stg. 2:16). Sin embargo no le di lo que necesitaba. Este hombre se fue en su silla de ruedas.

Cuando regresé a mi cuarto de hotel, recuerdo que pregunté: "¿Dios, por qué sucedió eso?" Lo que me confundió fue el hecho de que yo sabía que tenía fe. Algunas personas podrían pensar: "No, si hubieras tenido fe, él habría sanado". No, yo sí tenía fe. Por lo que a

◆ ◆ ◆

mí me concernía yo usé mi fe tanto como la usé con aquel hombre que resucité de entre los muertos. Tenía la misma fe. Yo no era el que no estaba actuando con fe. Tú no te acercas a una persona, la tomas de los brazos y la sacas de su silla de ruedas a menos que tú creas que esa persona va a caminar. Yo no esperaba que ese hombre se cayera de bruces. Yo esperaba que caminara. Había fe presente, y como tenía fe, estaba confundido. Yo nunca hubiera hecho eso si la fe no hubiera estado presente, pero ¿por qué no vi buenos resultados?

El Temor al Hombre

Así que le pregunté a Dios: "¿Por qué no sanó este hombre?" Le tomó como tres años a mi mente de relámpago descifrar esto. El Señor me dijo: "Andrew, tú sí tenías fe, pero también tenías incredulidad". Me preocupó más lo que otras personas dijeron que lo que Dios tuviera que decir.

Jesús dijo:

¿Cómo podéis vosotros creer, pues recibís gloria los unos de los otros, y no buscáis la gloria que viene del Dios único?

JUAN 5:44

Si tú tienes que tener la aprobación de otras personas para sentirte bien contigo mismo, entonces eres un esclavo de qué dirán. Preocuparte por las opiniones de las personas es tenerle miedo al hombre. El temor es lo opuesto a la fe. El temor es en realidad la fe dirigida a lo negativo.

Yo me preocupé por lo que la gente pensó de mí. Estaba avergonzado y humillado. Esa incredulidad y ese temor anularon mi fe. Sí, es verdad que yo tenía fe. Pero también tenía incredulidad. En ese entonces todavía me dejaba influenciar por lo que la gente pensaba de mí, y eso anulaba mi fe.

"¡Suéltenla!"

Dios empezó a revelarme esta verdad cuando estaba leyendo un libro sobre Smith Wiglesworth. A Smith le gustaba iniciar sus servicios religiosos parándose en el pódium y declarando valerosamente: "La primera persona que llegue aquí sanará de cualquier enfermedad que padezca". Luego les ministraba y ellos sanaban. Eso atraía la atención de todos, y después él les enseñaba cómo había sucedido. Luego invitaba a la gente para que formara una fila para recibir oración y oraba por esas multitudes.

En una ocasión dos señoras que ya conocían este ritual y que estaban en la fila de enfrente, tan pronto como Smith hizo la invitación se levantaron rápidamente. Entre las dos, estaban sosteniendo a una amiga de edad avanzada que estaba tan frágil y delicada que ni siquiera había podido pararse por sí misma, mucho menos permanecer de pie. Sus dos amigas tenían que tomarla de cada brazo para sostenerla. El tumor que tenía era tan grande que hacía que ella se viera como si tuviera nueve meses de embarazo. Ésta mujer estaba en una condición muy grave. Así que cuando Smith hizo la invitación, estas dos señoras agarraron a su amiga y la plantaron al frente.

Allí estaban estas dos mujeres—una a cada lado, sosteniendo a la mujer que tenía un enorme tumor. Wigglesworth las vio y dijo: "¡Suéltenla!".

Estas mujeres explicaron: "No podemos soltarla. Ella está muy débil, y no puede pararse por sí sola".

Smith les gritó: "¡Dije que la suelten!"

Así que lo hicieron. Y ella se cayó hacia delante sobre su tumor, y gimió de dolor. La multitud gimió, llena de asombro y de incredulidad… que fue la misma respuesta que yo recibí cuando saqué al hombre de su silla de ruedas. En una situación similar, yo había respondido con sentimientos de culpa, con vergüenza, y temor a lo que la gente pensaría. Yo estaba pensando: "¡Me van poner una demanda!" y muchas otras cosas terribles. ¿Cómo respondió Smith Wigglesworth? Él dijo: "Levántenla".

Así que levantaron a la mujer, y ya que la tenían de pie, Smith dijo: "Suéltenla". A él lo que había sucedido no lo perturbó en lo más mínimo. Él no se movió de su fe.

Menos Incredulidad

Ellas contestaron: "¡No la vamos a soltar! No podemos soltarla. Ella se va a caer".

Él les gritó, diciendo: "Suéltenla". Así que la soltaron. Por segunda vez esta mujer se cayó boca abajo sobre su tumor. La gente en la audiencia estaba asombrada. Quejidos y lamentos de incredulidad se difundieron por toda la audiencia. Smith dijo: "Levántenla". Así que la levantaron. Luego él dijo: "Suéltenla".

Estas mujeres protestaron: "¡No la vamos a soltar!"

Smith gritó: "¡Ustedes suéltenla!". Un hombre en la audiencia se paró y gritó: "¡No seas salvaje! ¡Deja en paz a esa pobre mujer!"

Wigglesworth contestó: "Yo sé lo que hago. Tú ocúpate de tus asuntos". Luego se volvió a dirigir a esas mujeres y su voz retumbó al decir: "¡SUÉLTENLA!" Ellas la soltaron. Ella empezó a caerse, pero logró sostenerse. El tumor cayó de su vestido a la plataforma, y ella salió caminando, totalmente sana.

El Señor me mostró que Smith Wigglesworth no tenía más fe de la que yo tenía (Ro. 12:3). Él no obtuvo mejores resultados la primera vez que le ministró a esta mujer que los que yo obtuve cuando levanté a aquel hombre de su silla de ruedas. Ella se cayó boca abajo, tal y como le sucedió al hombre de la silla de ruedas. ¿Cuál fue la diferencia? Smith no tenía más fe de la que yo tenía, sólo que él tenía menos incredulidad. A él no le importaba lo que la gente pensaba de él.

Es más, el libro del que tomé esta información dice que a Smith con frecuencia lo criticaban porque era cruel y duro. ¿Sabes qué significa la palabra *duro* en relación a nuestras emociones? Significa frio, insensible, incapaz de sentir compasión, que no se deja influenciar por lo que otras personas piensan. La diferencia entre Smith y yo no era que él tenía más fe. Sino que él era menos sensible a la crítica de la gente. Él estaba endurecido contra lo que otras personas pensaran. Él no estaba reaccionando a nada ni a nadie excepto a lo que Dios le había dicho. Yo todavía estaba muy dominado por la opinión de la gente, por mi ámbito físico, y por lo que podía ver, probar, escuchar, oler, y sentir. Así que la diferencia no era que Smith tuviera más fe; era que él tenía menos incredulidad.

Disminuye tu Incredulidad

La mayoría de la gente no comprende esta verdad. Cuando las personas oran para que alguien sane, y no ven inmediatamente la manifestación, con frecuencia piensan: "No tengo suficiente fe". Así que empiezan a tratar de desarrollar e incrementar su fe. Tienen la idea equivocada de que tienen que tener una gran fe. Sin embargo, esto quebranta lo que Jesucristo enseñó en Mateo 17 cuando dijo: "Si tu fe es del tamaño de un granito de mostaza, es suficiente para echar a una montaña al mar". Dicho en otras palabras, Él estaba diciendo: "Muchachos, ustedes no necesitan una fe grande. Lo que necesitan es una fe pura que no tenga nada que la contradiga, que la contrarreste, o que la anule. Necesitan una fe que no tenga nada que la esté jalando en la dirección opuesta". La mayoría de la gente no lidia con la incredulidad en su vida. En lugar de hacerlo, tratan de aumentar su fe.

La incredulidad se da de una manera muy similar a la manera como se da la fe.

Así que la fe es por el oír, y el oír, por la palabra de Dios.

ROMANOS 10:17

Dicho en otras palabras, la fe viene cuando enfocamos nuestra atención en Dios y en Su Palabra. La incredulidad se da de una manera parecida, pero en sentido contrario. La incredulidad se da cuando enfocamos nuestra atención en lo que la gente opina. Viene cuando escuchamos todas las cosas negativas que el doctor dice. Si consideramos, meditamos, y pensamos en todas estas cosas negativas, éstas anularán nuestra fe. Así que la clave para la vida Cristiana no consiste en aprender a desarrollar una fe grande, consiste en saber cómo disminuir la cantidad de incredulidad en nuestra vida. Muy pocos Cristianos tienen esta concepción.

La mayoría de los Cristianos se pasarán una hora más por día leyendo la Palabra tratando de desarrollar su fe. Pero después, durante el día, la diluyen viendo dos o tres horas de telenovelas y leyendo todas las malas noticias en el periódico. Permitirán que todas las aguas inmundas del mundo fluyan a través de ellos—en la forma de pensamientos, actitudes, y conceptos que son totalmente contrarios a la Palabra de Dios—y luego se preguntan por qué su fe no está funcionando.

Tú no necesitas una gran fe. Solamente necesitas una fe pura que no esté contrarrestada por todo lo demás.

¿Cómo fue que Smith Wigglesworth llegó al punto de que su fe no estaba contaminada por la incredulidad? Él resistió la incredulidad al negarse a enfocarse en algo que no fuera la Palabra de Dios.

Un día Lester Sumrall tocó a la puerta de Smith Wigglesworth. Le preguntó a Smith si podía pasar para visitarlo. Smith le dijo que él podía entrar, pero el periódico que llevaba bajo el brazo tenía que quedarse afuera. Smith nunca leyó el periódico y se negó a que un ejemplar entrara a su casa.

Algunas personas podrían decir: "Eso es tener una mente muy cerrada". Pues bien, sí lo es. Estoy de acuerdo que hay algunas cosas buenas en el periódico. A través de los años, he usado algunos artículos del periódico para comprobar algún punto en mis sermones. Yo creo que durante sus treinta y cinco años de ministerio él probablemente se perdió de una docena o un poco más de cosas buenas en el periódico que pudo haber usado en sus sermones. Pero seguramente él se perdió de miles de cosas malas que le habrían abierto la puerta a la incredulidad. Si te vas a ir a un extremo, escoge el de Wigglesworth.

Abraham No Consideró los Contras

Considera cómo Abraham le creyó a Dios.

El creyó en esperanza contra esperanza, para venir á ser padre de muchas gentes, conforme á lo que le había sido dicho: Así será tu simiente. Y no se enflaqueció en la fe, ni consideró su cuerpo ya muerto (siendo ya de casi cien años,) ni la matriz muerta de Sara; Tampoco en la promesa de Dios dudó con desconfianza: antes fué esforzado en fe, dando gloria á Dios, plenamente convencido de que todo lo que había prometido, era también poderoso para hacerlo.

Romanos 4:18-24 RVA

Este pasaje de la escritura muestra que Abraham no era débil en la fe, porque él no consideró su propio cuerpo ya muerto. Él no tenía una gran, inmensa fe, pero sí tenía una fe que no estaba anulada ni contrarrestada por la incredulidad. Abraham simplemente no consideró algo que fuera contrario a lo que Dios había dicho.

Así mismo refiriéndose a Abraham, Hebreos 11 dice:

Si hubieran estado pensando en aquella patria de donde habían emigrado, habrían tenido oportunidad de regresar a ella.

Hebreos 11:15

◆ ◆ ◆

Si las mentes de Abraham y Sara hubieran estado llenas de pensamientos de la patria de donde habían emigrado cuando obedecieron a Dios, habrían sido tentados a regresar. Dicho de otra manera, lo que te tienta está conectado con lo que piensas.

Tú necesitas comprender esto. Cambiará tu vida si lo entiendes y lo aplicas. Tú no puedes ser tentado con lo que no piensas. Tú tienes que pensar en algo antes de que puedas sucumbir a la tentación. Por lo tanto, tú no puedes ser tentado a dudar a menos que tengas pensamientos de incredulidad. Tenemos que dejar de escuchar a los demás y a su incredulidad. Tenemos que dejar de considerar el negativismo, el cinismo, y los sentimientos anti-Dios/anti-Cristo de este mundo. Si nosotros no le pusiéramos atención a esos pensamientos, no seríamos tentados a dudar de Dios.

A través de muchos años de ministerio, me he dado cuenta de que entre todas las profesiones, las personas a las que más se les dificulta sanar es a los doctores, a las enfermeras, y a aquellos que han sido entrenados en la ciencia médica. Personalmente, creo que es porque les han enseñado ciertos principios. No significa que todo lo que los profesionales médicos enseñan es malo. Lo que pasa es que a los estudiantes de medicina les presentan la información y les meten esta información en la cabeza como si fuera la única realidad. Les dicen: "Esto es lo que sucede cuando una persona se enferma de un tumor. Cuando el tumor llega a esta etapa, el paciente morirá". Pero nunca les dicen: "A menos que reciba sanidad de parte de Dios". Nunca lo presentan en un contexto espiritual ni muestran que Dios es capaz de vencer cualquier cosa. No, los profesionales de la medicina simplemente escuchan estas ideas: "Cuando un tumor está en esta etapa, el paciente morirá. Le quedan tantas semanas de vida, y nada más. Es incurable". Y los estudiantes escuchan estas cosas vez tras vez por varios años. Algunos profesionales médicos por los que he orado han tratado de recibir su sanidad, y no pueden entender por qué se les dificulta tanto. Es porque a ellos les han enseñado mucha incredulidad, y eso anula su grano de mostaza de fe.

CAPÍTULO 14
Una Fe Pura, Fuerte

EN MATEO 17, Jesucristo dijo: "Amigos, ustedes no tienen un problema con la fe. Lo que tienen es un problema con la incredulidad". El relato paralelo de Marcos 9 dice que:

> *Y se lo trajeron; y cuando el espíritu vio a Jesús, sacudió con violencia al muchacho, quien cayendo en tierra se revolcaba, echando espumarajos.*

> **MARCOS 9:20**

Personalmente, creo que esto es lo que causó la incredulidad de los apóstoles. Quien alguna vez ha visto un ataque de epilepsia, sabe que es una experiencia aterradora, especialmente si la persona que está sufriendo el ataque empieza a morderse la lengua o a ahogarse con ésta. Es terrible. Yo ya lo he visto. Hace que se te ericen los pelos.

La Diferencia

Los discípulos tenían fe. Ellos habían sacado otros demonios, y habían sanado a la gente. Pero esta vez, cuando oraron por este muchacho, hubo una manifestación física de esos demonios. Lo mismo le sucedió a Jesús cuando fue a ministrarle a otro muchacho. La diferencia fue que Jesucristo tenía cero incredulidad que contrarrestara su fe. Por lo tanto Él fue capaz de proceder a efectuar la cura. Pero los discípulos habían respondido con incredulidad, que fue lo que anuló su fe. Así que cuando le preguntaron al Señor: "¿Por qué no pudimos sacarlo. Sabemos que estábamos creyendo. Hemos hecho esto con anterioridad, pero por qué no funcionó esta vez?" Él les dijo: "Es por su incredulidad. Su incredulidad anula, cancela, y contrarresta su fe".

◆ ◆ ◆

Luego en Mateo 17:21, Jesucristo continuó a este tenor al decir:

Pero este género [de incredulidad] *no sale sino con oración y ayuno.*

Aunque gran parte de la enseñanza popular, y ahora inclusive unas cuantas versiones contemporáneas incorrectas de la Biblia digan lo contrario, el verdadero tema del versículo 21 es la incredulidad mencionada en el versículo 20 (véase la versión Reina Valera Antigua), y no el/los demonio(s) del versículo 19. Algunas personas enseñan que unos demonios son más fuertes que otros, y que tú debes orar y ayunar para poder sacarlos. Existen toda clase de variaciones sobre el mismo tema. Pero ninguna de ellas corresponde con lo que Mateo 17:21 está diciendo. Si tú analizas esto con cuidado, te darás cuenta de que el tema de la oración anterior (v. 20) era la incredulidad, y no los demonios. La incredulidad fue lo que le impidió a los discípulos sacar a este demonio y sanar al muchacho. Y como el Señor dijo: "Esta clase de incredulidad no sale sino con mucha oración y ayuno", parece ser que hay diferentes clases de incredulidad.

Permíteme mencionar brevemente que en el idioma inglés una de las traducciones que substituye "incredulidad" por "poca fe" en el versículo 20, elimina totalmente el versículo 21. Mi tendencia no es criticar otras traducciones. Soy consciente de que a mucha gente no le gusta la versión King James, que es la que yo uso. Sin embargo, ninguna traducción que elimina versículos es lo que yo considero una buena traducción. Tú debes tener una buena traducción de la Biblia. Revisa la tuya para ver si Mateo 17:21 y Marcos 16:17-20 están allí.

Tres Clases de Incredulidad

Lo que voy a explicar es simplemente Andrew-ología (mi teología personal), pero con base en mi estudio de la Palabra y en mi experiencia en el ministerio, me parece que hay tres clases de incredulidad.

La primera clase de incredulidad, es la que viene a través de la ignorancia. Algunas veces la gente se opone a lo que Dios dice no por algo en particular, sino por la falta de conocimiento. Son ignorantes. Esas personas no saben que Dios los quiere sanos. Ellos nunca habían escuchado esa verdad con anterioridad. Es ignorancia, pero de todas maneras es incredulidad.

La manera de vencer esta primera clase de incredulidad—la ignorancia—consiste en decirles la verdad. Mostrarles la verdad de la Palabra de Dios. Si ellos respetan Su Palabra, y son sensibles a Su Espíritu, recibirán el conocimiento que necesitan para vencer esta incredulidad.

La segunda clase de incredulidad viene a través de la enseñanza equivocada. Hoy por hoy mucha gente ha recibido una enseñanza equivocada. Les han dicho: "En la actualidad Dios ya no hace milagros. Hoy la sanidad no es para nosotros. Estas cosas se acabaron con los apóstoles". Eso no es verdad. No es lo que la Palabra de Dios enseña. Pero no obstante, es lo que les han enseñado.

La incredulidad que viene a través de la enseñanza equivocada es más difícil de vencer que la ignorancia, porque primero tienes que contrarrestar la doctrina equivocada, para después enseñar la verdad. El antídoto es exactamente el mismo. Sólo que requiere un paso más para administrarlo—hay que pasar tiempo con la gente contrarrestando sus objeciones. La respuesta para estas dos primeras clases de incredulidad es recibir la verdad de la Palabra de Dios.

Finalmente está la tercera clase de incredulidad, que yo llamo incredulidad natural. Es incredulidad que viene por la información de cosas naturales que es contraria a la Palabra de Dios. Si tú oras para que alguien sane, y esa persona se cae muerta, tus ojos, tus oídos, y todos tus sentidos te van a decir: "No funcionó". Eso no ocurre necesariamente por la ignorancia o por una doctrina equivocada. Simplemente ocurre porque tú has aprendido a confiar más en lo que ves, pruebas, escuchas, hueles, y sientes. Si tú oras para que tu cuerpo deje de doler, y sin embargo después de orar todavía sientes dolor, tu cuerpo va a hacer que tengas pensamientos de incredulidad natural. No es algo demoníaco o maléfico. Tus cinco sentidos no le pertenecen al demonio. Éstos tienen un lugar y una función importantes en nuestra vida diaria.

Desarrolla Tu Sexto Sentido

Si tú fueras a llevarme en un automóvil a algún lugar, no me gustaría que manejaras por fe. Me gustaría que antes de cruzar una intersección de calles abrieras tus ojos y que vieras si otro vehículo se aproxima. Eso no está mal y no es incredulidad. Pero si tú sabes que Dios te ha dicho algo por la Palabra y/o por su Espíritu, y tus sentidos físicos te están diciendo: "No va a funcionar", entonces tú tienes que ser capaz de ir más allá de esos cinco sentidos. Cuando Dios quiere que hagas algo que es contrario a lo que puedes ver, oír, probar, oler, y sentir, entonces tus cinco sentidos naturales pueden darte pensamientos de incredulidad que podrían anular tu fe.

Esto es lo que sucedió con los discípulos en Mateo 17. Ellos vieron una manifestación física de un demonio que era lo opuesto de lo que ellos estaban creyendo y pidiendo en oración, y les causó temor. Sus cinco sentidos les proporcionaron pensamientos de incredulidad que contrarrestaron su fe.

Fue algo milagroso el modo en que por primera vez vi a un hombre resucitar de entre los muertos. No sabía cuál era el problema cuando entré en la habitación donde él estaba. Yo estaba parado justo enfrente de él y entonces me di cuenta que estaba muerto. Escuché a la esposa de este hombre decir en medio del llanto: "Oh, Dios. Regresa a Everett de entre los muertos". Cuando ella dijo eso, entonces por primera vez me cruzó el pensamiento de que este hombre estaba muerto. Cuando escuché eso, me le quedé viendo y dije: "Everett, en el nombre de Jesucristo, regresa a tu cuerpo". Y luego él se sentó. Fue así de simple.

Habría sido mucho más difícil si hubiera tenido treinta minutos para pensar en el hecho de que él estaba muerto. Si alguien me hubiera dicho cuál era la razón por la que yo iba a ir a orar allí, probablemente mi mente habría considerado suficientes pensamientos de incredulidad para anular y contrarrestar mi fe. Personalmente, creo que una de las razones por la que vi a este hombre resucitar de entre los muertos fue porque no tuve tiempo para pensar.

Los discípulos ya habían sacado demonios y habían visto sanar a la gente. Aparentemente, antes ellos no se habían enfrentado con una manifestación como esa. Por lo tanto, ellos no se habían sentido tentados de esa manera a dudar. Pero en esta instancia, hubo una manifestación que era contraria a lo que ellos habían orado, y les causó pensamientos de incredulidad.

Como Jesucristo comprendía esto, les dijo: "La manera para deshacerse de esta clase de incredulidad natural es a través de la oración y del ayuno. Y no es simplemente estudiar más la Palabra. Necesitan entrar en la presencia de Dios y renovarse al grado de que puedan desarrollar su sexto sentido, que es la fe".

El Ayuno y la Oración

Esto es importante. Tú tienes cinco sentidos—con los que puedes ver, probar, escuchar, oler, y sentir. Si uno de esos sentidos fuera dañado, digamos por ejemplo que te quedaras ciego, aún así podrías moverte. Lo que tendrías que hacer es depender más de tus otros sentidos, como el oído y el tacto. Tú tendrías que escuchar lo que está sucediendo a tu alrededor, y tendrías que usar un bastón para sentir las variaciones en el suelo que está adelante de ti por donde caminas. Aún así podrías moverte y caminar por diferentes lugares, pero tendrías que depender más de tus otros sentidos.

Algunos ciegos memorizan cómo es su departamento, y el lugar donde se encuentran todas las cosas. Ellos pueden caminar en medio de la obscuridad porque no están usando sus ojos. Principalmente están usando sus oídos y su sentido del tacto. Por lo tanto tú puedes compensar la pérdida de uno de tus sentidos apoyándote más en los otros.

¿Qué pasa cuando Dios te revela a través de Su Palabra que Su voluntad es sanarte, pero todos tus cinco sentidos te están diciendo: "No funciona. Todavía siento dolor. Todavía me veo enfermo. Todavía tengo esto y esto, y tengo un sabor en la boca que es prueba de que todavía no he sanado"?. Si todos tus cinco sentidos te están diciendo que no funcionó, tú debes desarrollar un sexto sentido que te diga que sí funcionó. Ese sexto sentido es la fe.

Tú puedes llegar al punto de creer que en realidad tienes fe, y esa fe se hace tan real para ti como lo que puedes ver, probar, escuchar, oler, y sentir. ¿Cómo haces eso? Pasando tiempo en el ámbito espiritual. Eso es a lo que la oración y el ayuno se refieren en realidad.

El ayuno no cambia a Dios. No hace que Él actúe. El ayuno y la oración no hacen que los demonios se vayan. Nunca encontrarás un demonio tal que, para expulsarlo, sea necesario añadirle ayuno y oración a lo que Jesucristo ya hizo. Si tú te encuentras un demonio, y éste no responde al nombre de Jesús, y a la fe en Su nombre, entonces tu oración y tu ayuno tampoco lo van a sacar. Declarar la Palabra de Dios y el nombre de Jesús con fe sacará a cualquier demonio. Tu ayuno y tu oración no hacen que Dios actúe. Tampoco hacen que el diablo actúe. El ayuno y la oración te cambian a ti. Te influencia a ti.

Tu apetito es uno de los deseos más fuertes que tiene tu carne. Cuando tú limitas a tu carne con el ayuno, se pondrá de pie y se rebelará porque quiere que la alimentes. Tu carne quiere estar complacida y mimada. Si tú le dices a tu carne: "¡No! No sólo de pan vivirá el hombre, sino de toda palabra que sale de la boca de Dios (Mt. 4:4; Lucas 4:4)", Puedo garantizarte que tu carne se va a rebelar. Aunque antes del mediodía del primer día del ayuno pensarás que te estás muriendo, no es verdad. Si tú perseveras, después de un tiempo tu cuerpo y tus sentidos empezarán a aprender. Éstos dirán: "Oye, no me morí de hambre a mediodía". En realidad, después de ayunar unos tres días llegarás al punto de no sentir hambre. A lo mejor tú todavía no has experimentado esto, pero es verdad. Tú literalmente puedes controlar tus cinco sentidos, y éstos empezarán a reconocer que: "Oye no me voy a morir de inanición. Muy bien, esto de la fe es real". Verdaderamente puedes ser sustentado por Dios, y no solamente por la comida. Tú puedes enseñarle eso a tu carne.

Así que cuando le digas a tu cuerpo: "Eres sano en el nombre de Jesús", tu carne podría contestar, "todavía me duele", pero ese sexto sentido dirá: "Estoy sano y lo creo. Así que, no importa que la carne proteste, ya he experimentado esto con anterioridad". Pero si no has estado ayunando, orando, y pasando tiempo en la presencia de Dios, tu cuerpo dirá: "No, todavía me duele". Tú dirás: "Cuerpo, obedece", pero tu carne contestará: "¿Quién eres tú para decirme qué debo hacer? Yo te digo cuándo debes comer, y cuánto comer". Es como un niño malcriado. Pero tú puedes entrenar a tus sentidos para discernir el bien (Dios y Su Palabra) del mal (lo que los contradiga).

> *Pero el alimento sólido es para los que han alcanzado madurez, para los que por el uso tienen los sentidos ejercitados en el discernimiento del bien y el mal.*
>
> **Hebreos 5:14**

Tú puedes llegar al punto de que, como Smith Wigglesworth llegó, escuches más lo que la fe dice que lo que las cosas naturales como tu mente, tus emociones, tus sentidos, y tus circunstancias quieren decir. Cuando haces eso, tú disminuirás la incredulidad.

La Medida de Fe

De acuerdo a Romanos 4, es bíblicamente más preciso decir que, depende de tu nivel de incredulidad el que, tú tengas una fe débil o una fe fuerte.

> *Y no se debilitó en la fe al considerar su cuerpo, que estaba ya como muerto (siendo de casi cien años), o la esterilidad de la matriz de Sara. Tampoco dudó, por incredulidad, de la promesa de Dios, sino que*

se fortaleció en fe, dando gloria a Dios, plenamente convencido de que era también poderoso para hacer todo lo que había prometido.

ROMANOS 4:19-21

Lo que estás haciendo es describir cuánta incredulidad está mezclada con tu fe. Si tú tienes mucha incredulidad, entonces eres débil en la fe. Si tienes poca incredulidad, entonces eres fuerte en la fe. Ésa es una descripción adecuada. Mientras que, poca fe y mucha fe en realidad no son expresiones adecuadas. La verdad es que a cada uno de nosotros se nos ha dado la fe del Hijo de Dios.

Conforme a la medida de fe que Dios repartió a cada uno.

ROMANOS 12:3

Sabiendo que el hombre no es justificado por las obras de la ley, sino <u>por la fe de Jesucristo</u>, nosotros también hemos creído en Jesucristo, para ser justificados <u>por la fe de Cristo</u> y no por las obras de la ley, por cuanto por las obras de la ley nadie será justificado...Con Cristo estoy juntamente crucificado, y ya no vivo yo, mas vive Cristo en mí; y lo que ahora vivo en la carne, <u>lo vivo en la fe del Hijo de Dios</u>, el cual me amó y se entregó a sí mismo por mí.

GÁLATAS 2:16,20

Para un análisis más a fondo de esta importante verdad fundacional, te invito a que obtengas un ejemplar de mi estudio titulado **Espíritu, Alma y Cuerpo.**

Todo Cristiano vuelto a nacer tiene exactamente la misma cantidad y calidad de fe que Jesucristo tuvo. Tú no tienes un problema con la fe. Lo que tú tienes es un problema con la incredulidad. En vez de tratar de aumentar y aumentar la fe más y más, necesitamos dejar de alimentar la incredulidad. Necesitamos desconectar las fuentes

• • •

generadoras de incredulidad en nuestra vida y matar de inanición a nuestra incredulidad. Debemos llegar al punto de pasar tanto tiempo en el mundo espiritual pensando en Dios y en las verdades de Su Palabra que ya ni siquiera tengamos los mismos pensamientos de incredulidad que teníamos. Seamos como Abraham, que ni siquiera consideró el hecho de que él tenía cien años y su esposa noventa. Él solamente pensó sobre lo que Dios le había prometido, que iban a tener un hijo. Romanos 4 dice que Abraham ni siquiera consideró su cuerpo que estaba ya como muerto o la esterilidad de la matriz de Sara. Esto lo fortaleció para no dudar por incredulidad de la promesa de Dios.

La Clave Para la Victoria

Cuando se trata de ministrar la sanidad, por lo general el problema no es que la gente no tenga fe. Algunos no la tienen, pero la mayoría sí tiene fe. Sin embargo, también tienen incredulidad. Por lo tanto su fe es débil. Está cancelada, anulada, y contrarrestada por la incredulidad. Es porque estas personas no han pasado tiempo en la presencia de Dios. Están tan acostumbrados al mundo, que se la pasan contemplando pensamientos de incredulidad. Están pensando: "Es la temporada de catarros. A todo el mundo le da catarro", "mi papá murió de lo mismo que me está atacando". Estas personas consideran, meditan, y piensan sobre todas estas cosas naturales, y la incredulidad anula su fe.

Así que la clave para la victoria en la vida Cristiana no consiste necesariamente en tener una gran fe, consiste en tener una fe infantil simple y pura—fe del tamaño de un grano de mostaza—que no esté anulada por la incredulidad. Tienes que desconectarte de la incredulidad que te está jalando en la dirección opuesta, y permitirle a tu granito de mostaza de fe que te jale hacia la victoria.

Algunas personas piensan que la única razón por la que la gente no es sanada es que no tienen nada de fe. Eso ofende a otras personas que argumentan: "No, esa persona amaba a Dios. Era una persona de gran fe". Si tú dices que la voluntad de Dios es que todos sanen, todas estas personas rápidamente descartarán tu opinión diciendo: "Seguramente la voluntad de Dios no es que la gente sane". Sin embargo, ahora sabes que hay algo más que decir. Una persona puede tener fe, amar a Dios, y ser una gran persona, y sin embargo puede tener incredulidad que la jale en la dirección opuesta.

Mata de inanición a tu incredulidad. Llega al punto de tener unicidad de propósito en relación al Señor y a Su Palabra para que tu granito de mostaza de fe sea suficiente para lograr cualquier cosa que necesites. No es muy difícil hacer cualquiera de las dos cosas. Al igual que una sanguijuela o un hongo, la incredulidad tiene que ser alimentada y nutrida. Apártate de ella aunque sólo sea por una semana. Ayunar, orar, y enfocar tu atención en el Señor puede causarle un gran daño a tu incredulidad. Estas acciones no hacen que Dios te dé más poder. Simplemente hacen que la fe que tienes funcione mucho mejor porque estás disminuyendo la incredulidad que te está jalando en la dirección opuesta. ¡Ésas son buenas noticias!

Una vez que creas la verdad que dice que Dios quiere que estés sano, todo lo que tienes que hacer es matar de inanición a tu incredulidad hasta que tu fe empiece a producir los resultados que deseas.

CAPÍTULO 15
Gobernado por la Ley

La sanidad es parte de la expiación de Cristo, lo cual significa que no es opcional. Ya ha sido suministrada. El Señor no nos negaría la sanidad así como tampoco nos negaría el perdón de los pecados. Nuestros pecados ya han sido perdonados y nuestros cuerpos han sido sanados por el sacrificio singular de nuestro Señor Jesucristo.

Tenemos que tomar la actitud de que nuestra sanidad ya fue obtenida. Si peleáramos por ella tan activamente como peleamos para resistir el pecado, entonces veríamos que más gente recibiría su sanidad. Sin embargo, muchas personas son pasivas en relación a la sanidad. Estas personas dicen una oración como la siguiente: "Señor, sáname, si es tu voluntad". Eso es totalmente incorrecto porque la Palabra dice:

Amado, yo deseo que tú seas prosperado en todas las cosas, y que tengas salud, así como prospera tu alma.

3 JUAN 2

Aquí la expresión **"yo deseo"** significa "es mi voluntad". La voluntad de Dios para nosotros es que tengamos salud. Una vez que vemos Su voluntad claramente revelada de esta manera en Su Palabra, ya no hay razón para que volvamos a orar diciendo: "Si es Tu voluntad". Se trata de apropiarse de—extendiendo los brazos con fe, tomando, y recibiendo—lo que Dios ya dio. Es permanecer con fe hasta ver la manifestación total. Tenemos que ser emprendedores y tenemos que pelear para recibir lo que Dios ya nos dio. No debemos permitirle al mundo, a la carne, ni a el diablo que nos quiten lo que Jesucristo ya suministró.

La Vida y la Paz

La enfermedad nunca es una bendición. La Palabra de Dios es muy clara al respecto. Vimos con anterioridad que en Deuteronomio 28:1-14 se enumera lo que Dios considera como bendiciones. Los versículos 15-68 revelan lo que Él considera como maldiciones. La enfermedad y las dolencias siempre son maldiciones. El que la religión salga con la enseñanza de que la enfermedad es una bendición de Dios es una distorsión de lo que la Palabra de Dios dice.

Sí, el Señor sí azotó a la gente con enfermedad en el Antiguo Testamento. Sin embargo, hay una gran diferencia entre el Antiguo Pacto y el Nuevo. Dios no inflige enfermedad a la gente de esa manera en el Nuevo Pacto. Pero recuerda que inclusive en el período de la ley, la enfermedad siempre fue una maldición—nunca una bendición. Y Cristo nos ha redimido de la maldición de la ley (Ga. 3:12-13), lo cual incluye todo lo que está enumerado en Deuteronomio 28:15-68.

Así que esto es lo que hemos aprendido, la razón por la que la mayoría de la gente no es sanada es la incredulidad en cualquiera de sus formas. La incredulidad es una fuerza que contrarresta y se opone a la fe. La mayoría de la gente trata de desarrollar y de incrementar la fe, pero no hacen nada sobre la cantidad de incredulidad que tienen. Simplemente no comprenden que la fe y la incredulidad son fuerzas opuestas. Jesucristo dijo en Mateo 17:20 que un grano de mostaza de fe es todo lo que necesitamos para hacer cualquier cosa, inclusive para echar una montaña al mar.

No tenemos un problema de fe. Lo que realmente tenemos es un problema de incredulidad. Nos exponemos a nosotros mismos a toda clase de pensamientos, actitudes, sentimientos, y emociones que combaten contra nuestra fe. Para tener una fe fuerte, necesitamos disminuir la cantidad de incredulidad en nuestra vida alejando nuestra atención del mundo y de cualquier cosa que contradiga la Palabra de Dios, especialmente en el área de la sanidad. Necesitamos dejar de escuchar a todos los reportes

◆ ◆ ◆

negativos y debemos enfocarnos en la Palabra de Dios. Si todo lo que hacemos es pensar en las cosas del espíritu, entonces todo lo que obtendremos será vida y paz (Ro. 8:6).

Constante y Universal

El reino de Dios—incluyendo la fe—está sujeto a leyes. Comprender esta verdad es esencial para disfrutar de la salud divina.

Profundizo más sobre esta verdad y sobre cómo se aplica especialmente en el área de la sanidad en mi estudio *¡Ya Lo Tienes!* Te invito a que consigas un ejemplar.

Una ley es constante y universal. Siempre actúa igual, y nunca fluctúa, dondequiera que estés. Cualquier cosa que no cumpla con este criterio no es una ley, sino un fenómeno. Toma, como ejemplo, la gravedad. La gravedad es una ley. La llamamos la ley de la gravedad. Siempre es constante. Siempre funciona. Siempre es la misma sin importar donde vayas. Si la gravedad solamente funcionara en los Estados Unidos de América, pero en Europa, África, o Asia hubiera ingravidez, entonces sería un fenómeno, y no una ley. Si la gravedad solamente sucediera algunas veces, y en otras ocasiones hubiera ingravidez, sería un fenómeno. Pero cuando algo es constante y universal, entonces eso significa que es una ley.

Dios creó este mundo y las leyes que lo gobiernan. Además de la gravedad, hay leyes concernientes a cosas como la electricidad y la inercia. La ley de la inercia nos dice que si un objeto está en movimiento, tiende a permanecer en movimiento. Para romper la inercia, se necesita tiempo y esfuerzo. Por eso debes usar los frenos para poder detener un carro que esté en movimiento. El tiempo que se lleve para parar depende entre otras cosas de lo rápido que vayas, de la potencia de los frenos y del tamaño y del volumen del vehículo. Ésta es la ley de la inercia. También funciona cuando estás en reposo. Cuando te subes a tu coche para ir a algún lugar, la inercia opera en tu contra, porque se requiere tiempo para empezar a mover un carro que está parado. Pero una vez que está en movimiento puedes simplemente dejarte llevar. Estos son algunos ejemplos de las diferentes leyes en acción.

Dios creó estas leyes—tanto las naturales como las espirituales—y Él no las quebranta. Esta verdad se aplica directamente a la sanidad.

Para Nuestro Bien

Constantemente hablo con personas que no comprenden que el ámbito espiritual está gobernado por leyes. Ellos consideran que el reino de Dios no está gobernado por leyes. Ellos honestamente piensan que el Señor hace lo que quiere.

Mucha gente se siente molesta con Dios cuando un miembro de su familia muere. Estas personas dicen: "¿Por qué Dios no sanó a esta persona? Si Él hubiera querido, hubiera podido hacerlo". Ellos no logran comprender que hay leyes que gobiernan Su Reino.

En el ámbito físico, la ley de la gravedad ejerce su poder inclusive sobre la persona que da un paso al vacío desde un edificio alto. Dios no quiere que esa persona muera. De hecho Él creó la gravedad para que sea una fuerza positiva en nuestra vida. En este momento, estoy sentado en una silla. No tengo que atarme a ésta ni tengo que empujarme hacia abajo. No tengo que atornillar la silla al suelo porque la gravedad está funcionando. Sin embargo, la misma ley que está destinada para nuestro bien te mataría si tú dieras un paso al vacío desde un edificio de diez pisos. Dios no creó la gravedad para lastimarnos. Él la creó para ayudarnos a funcionar aquí en el planeta tierra. Todo el mundo funciona de esa manera, y es algo bueno. Pero si alguien violara las leyes que Dios creó—como dar un paso al vacío desde un edificio alto—la misma fuerza que Dios creó para su bien lo mataría.

Algunas personas argumentan que si el Señor quisiera, Él podría detener esa caída. Sin embargo, Dios no cambia las leyes de manera arbitraria. Ésa no es Su naturaleza. Cuando Él creó las leyes como parte de la creación original, Él dijo: "Es bueno" (Ge. 1:31). La gravedad no tiene nada de malo. El problema no reside en la ley. Reside en las personas que violan estas leyes. Si Dios suspendiera la ley de la gravedad para salvar una vida, piensa en los incontables millones de vidas que se perderían por eso. La gente que depende de que la gravedad mantenga a sus autos sobre la calle para manejar, de repente perderían el control y se estrellarían en contra de otros autos o contra los edificios. Millones de personas morirían sólo para que Él pudiera salvar la vida de una persona que se estaba cayendo de un edificio. Así no funciona la ley.

Las leyes son constantes. No fluctúan. Dios no viola las leyes naturales. Él tampoco viola las leyes espirituales. Hay leyes espirituales y su propósito es nuestro bien. El Señor ha establecido las cosas de tal manera que no es por Su capricho que unos sanan y otros no. Hay leyes que gobiernan la fe y la sanidad. Hay razones por las que las cosas suceden como suceden. Nuestra ignorancia sobre estas leyes particulares, y sobre la verdad de que estas leyes existen, es un gran obstáculo para recibir sanidad. No saber en qué consisten estas leyes le obstaculizará recibir sanidad inclusive a la gente que entiende que el reino de Dios es operado y gobernado por leyes.

La Electricidad

La electricidad ha estado disponible desde que Dios creó la tierra. Hay un campo magnético en la tierra y hay electricidad en el aire. Particularmente puedes ver eso en los climas fríos y secos cuando caminas sobre una alfombra y luego tocas la perilla de una puerta. La electricidad estática te hará sentir una descarga eléctrica. Fenómenos como estos han sucedido desde el primer día que Dios creó la tierra. Escuché a alguien decir que hay suficiente energía en una tormenta típica para proveer de energía eléctrica a la ciudad de Nueva York por todo un año.

Dios no decidió darle electricidad a la humanidad hace unos cientos de años. No, la electricidad ha estado aquí desde el principio. Fue la ignorancia del hombre en relación a la electricidad lo que le impidió poder utilizarla como lo hacemos hoy en día. Dios no se los impidió. Si el hombre hubiera comprendido las leyes que gobiernan la electricidad, y hubiera aprendido a cooperar con ellas, hubiéramos podido disfrutar de los beneficios de la electricidad desde hace más de 2,000 años. Jesucristo y Sus discípulos pudieron haber usado aire acondicionado, lavadoras para la ropa y para los platos como las que usamos hoy. El potencial siempre había estado allí. Fue nuestra ignorancia la que nos apartó de éste.

De la misma manera, hay cosas que los hombres están soñando en inventar ahora mismo. Hoy por hoy muchas de estas ideas suenan muy improbables pero son posibles. Dios no nos está restringiendo. Lo que nos limita es nuestra ignorancia de estas leyes. Todavía estamos en el proceso de descubrir cosas, y hay muchos cambios radicales que están por venir.

Considera los grandes cambios que han sucedido en las telecomunicaciones tan sólo hace unos cuantos años. Hoy, casi todo el mundo tiene un teléfono celular. Sólo hay una razón por la que la gente no pudo usar teléfonos celulares hace 2,000 años. Tanto los materiales para hacer teléfonos celulares, como las leyes naturales que gobiernan su funcionamiento, han estado aquí en la tierra desde el comienzo del tiempo. Dios no nos estaba restringiendo. La única razón que explica esto es que nosotros éramos ignorantes de las leyes. El potencial estaba allí, pero nosotros teníamos que comprender cómo usarlo.

Existe un temor natural a lo que no comprendemos. A lo mejor tú sabes cómo prender la luz, pero no conoces todas las leyes que gobiernan el uso de la electricidad. La electricidad puede matar, y la gente que no la comprende le tiene temor.

Personalmente, no soy un experto en el manejo de la electricidad. Cuando trabajo con la instalación eléctrica de mi casa, desconecto toda la corriente eléctrica. Ahora bien, yo sé que no es necesario hacer eso, pero un día en que sólo desconecté una línea, sucedió que había otro interruptor puenteado con el que yo estaba trabajando, ¡y la electricidad me tiró de espaldas!

En otra ocasión, estaba ayudando a remodelar el baño de una persona. Yo estaba cambiando los acabados, y estaba a punto de ir a desconectar todos los interruptores por toda la casa. Un electricista vino y dijo: "No es necesario desconectar todos los interruptores". Y prosiguió a trabajar con los alambres con corriente. Habíamos acabado de quitar el lavabo, y había agua en el suelo. Él permaneció allí en medio del agua trabajando con los alambres, y nunca recibió una descarga eléctrica. Alguien podría pensar: "¡Tú también puedes hacer eso!" Tú puedes si sabes lo que estás haciendo. Como yo no sé mucho de electricidad y de su funcionamiento como para hacer algo así, tengo un temor natural y una falta de destreza que alguien que tiene entendimiento y que opera con ese conocimiento no tiene.

La Ley de la Fe

Sucede lo mismo en el mundo espiritual. Hay razones por las que algunas personas son capaces de operar con el poder de Dios, y otras no. Esencialmente, la Palabra de Dios es el instructivo que Él nos dio y que nos dice cuáles son estas leyes y cómo opera Su reino.

> *¿Dónde, pues, está la jactancia? Queda excluida. ¿Por cuál ley? ¿Por la de las obras? No, sino por la ley de la fe.*

ROMANOS 3:27

Aunque el contexto de este versículo de hecho está hablando de la tensión entre la gracia y la fe, también podemos ver un principio importante aquí en la frase final. Fíjate en la terminología: **"la ley de la fe"**.

La fe está gobernada por una ley. Así que cuando una persona tiene necesidad de ser sanado, el asunto no es simplemente pedirle a Dios, y luego esperar a ver si Él quiere sanarlos. No, así no funciona. Hay leyes que gobiernan cómo funciona la sanidad. Principalmente es nuestra ignorancia de las leyes de Dios y de cómo opera Su reino lo que impide que Su poder opere. La mayoría de la gente simplemente no ve que el reino de Dios está gobernado por leyes, y que las leyes son constantes. Dios no cambia. Ni tampoco viola Sus propias leyes sólo porque la gente no comprende esto. Muchas personas se enojan con Dios cuando alguien muere o cuando una sanidad no se manifiesta. Ellas piensan: "Si Él quisiera, podría sanarme". Dios ciertamente tiene el poder, pero ese poder no fluye independientemente de Sus leyes. Hay leyes espirituales que gobiernan cómo funciona la fe y cómo fluye el poder de Dios. Si no sabemos eso, entonces detenemos el poder de Dios y nos privamos de él por nuestra ignorancia.

Algunas personas se sienten ofendidas cuando por primera vez escuchan estas verdades. Dicen: "¡Me estás criticando!" Pues bien, sí lo estoy haciendo pero lo estoy haciendo de la misma manera como criticaría a Leonardo da Vinci. En su época, da Vinci fue considerado como un genio. Él imaginó muchas cosas cientos de años antes de que tuviéramos la capacidad tecnológica para hacerlas. Por ejemplo, algunas personas han usado tecnología que Leonardo no tenía, como motores eléctricos y materiales ligeros, y construyeron un helicóptero que funcionó con base en sus diseños. Este hombre, que vivió en el siglo XV, estaba muy adelantado para su época.

Gran parte de las ideas y de los planes de Leonardo da Vinci no funcionaron en su época porque él no tuvo acceso al conocimiento y a las cosas que tenemos hoy en día. Él no usó la electricidad. Él no tuvo a su disposición el beneficio de los motores eléctricos, y cosas por el estilo. Sin embargo, este hombre fue un genio. Cuando yo digo que él no tenía conocimiento de las leyes que gobiernan la electricidad, no estoy diciendo que él era tonto. Estoy diciendo que a él le faltaba conocimiento en algunas áreas. Él no comprendía algunas de las cosas que nosotros comprendemos y que hoy por hoy damos por sentadas.

Estoy Progresando

No estoy criticando ni tratando de humillar a nadie. Simplemente estoy resaltando la verdad de que hay muchas cosas de Dios que están disponibles para nosotros y que no las recibimos porque no comprendemos ni cooperamos con las leyes de Su reino.

◆ ◆ ◆

A través de estudiar la Palabra, he descubierto muchas de las leyes que gobiernan cómo funciona el reino de Dios. Sin embargo, estoy convencido de que existen muchas otras que todavía no comprendo. Ésa es la razón por la que las cosas no me salen mejor. Aunque no sé todo, podría hablarte de por lo menos otras cien leyes y principios que he descubierto en relación a la sanidad. Hay otras leyes que todavía no comprendo, y por eso no veo sanar a todas las personas, pero he visto a mucha, mucha gente sanar. Estoy madurando y aprendiendo más en relación a esto.

Capítulo 16
El Mundo Espiritual

Eᴌ ᴄᴀsᴏ ᴅᴇ la mujer con el flujo de sangre es una ejemplificación vívida de varias leyes que tienen que ver con la sanidad. Ésta no es una lista completa, pero es un buen comienzo.

Pero una mujer que desde hacía doce años padecía de flujo de sangre, y había sufrido mucho de muchos médicos, y gastado todo lo que tenía, y nada había aprovechado, antes le iba peor, cuando oyó hablar de Jesús, vino por detrás entre la multitud, y tocó su manto. Porque decía: Si tocare tan solamente su manto, seré salva. Y en seguida la fuente de su sangre se secó; y sintió en el cuerpo que estaba sana de aquel azote. Luego Jesús, conociendo en sí mismo el poder que había salido de él, volviéndose a la multitud, dijo: ¿Quién ha tocado mis vestidos? Sus discípulos le dijeron: Ves que la multitud te aprieta, y dices: ¿Quién me ha tocado? Pero él miraba alrededor para ver quién había hecho esto. Entonces la mujer, temiendo y temblando, sabiendo lo que en ella había sido hecho, vino y se postró delante de él, y le dijo toda la verdad. Y él le dijo: Hija, tu fe te ha hecho salva; ve en paz, y queda sana de tu azote.

Mᴀʀᴄᴏs 5:25-34

Este pasaje nos muestra que el reino de Dios está sujeto a leyes. Cuando esta mujer vino y tocó el borde del manto de Jesús, Él sintió que la virtud—el poder—salió de Él. Por lo tanto Él preguntó: "¿Quién tocó mis vestidos?" Inmediatamente sus discípulos empezaron a decir: "Ves que la multitud te aprieta para tocarte". En otras palabras, esta multitud no se estaba topando casualmente con Jesús. Ellos estaban tratando de tocarlo porque reconocían el poder y la virtud que estaban en Él. Por lo tanto, mucha gente estaba tocándolo. Así que los discípulos preguntaron: "¿Por qué estás preguntando quién te tocó? Todo el mundo te está tocando". Pero Jesucristo pudo discernir algo diferente.

"¿Quién me Tocó?"

Algunas personas piensan que hacer la pregunta: "¿Quién me tocó?" en realidad era una treta de parte de Dios. Estas personas suponen que como Jesucristo era Dios ciertamente Él sabía todas las cosas, inclusive quién lo había tocado. Ellos argumentan que Él estaba diciendo esto para hacer que la mujer voluntariamente se presentara ante Él. Eso no es verdad.

Mucha gente no comprende la verdad de que Jesucristo era totalmente Dios y totalmente hombre. Él era cien por ciento Dios en Su Espíritu, pero Su cuerpo físico era humano— inmaculadamente humano, pero no obstante humano. Nuestro Señor tomó sobre Sí mismo un cuerpo humano, y Lucas 2:52 revela que:

> *Jesús crecía en sabiduría y en estatura, y en gracia para con Dios y los hombres.*

Jesucristo tuvo que crecer y aprender cosas. En Su Espíritu, como Dios que era, Él sabía todas las cosas. Pero como Él estaba viviendo en un cuerpo físico, Su cuerpo físico tuvo que aprender cosas. Él no salió del vientre hablando hebreo, ni comprendiendo las matemáticas, ni practicando la carpintería. Jesús tuvo que aprender a comer, a caminar, así como lo hacen los niños. Él no tenía pecado, pero era humano, y tuvo que crecer.

El ámbito físico de Jesucristo tenía limitaciones. Su cuerpo físico solamente podía estar en un lugar a la vez, y también se cansaba.

¿No has sabido, no has oído que el Dios eterno es Jehová, el cual creó los confines de la tierra? No desfallece, ni se fatiga con cansancio, y su entendimiento no hay quien lo alcance.

ISAÍAS 40:28

Como Jesucristo a veces se cansaba, ¿eso significa que no era Dios? No, Él era Dios en Su Espíritu, pero Su cuerpo físico tenía limitaciones. Por lo tanto, cuando Jesucristo preguntó: "¿Quién me tocó?" en Su ser físico, Él no sabía quién lo había tocado.

Ya Está Aprobada

Mucha gente cree que Dios, en uso de su soberanía, inspecciona superficialmente las cosas. Cuando alguien sana, es porque le presentaron su petición a Dios y Él la aprobó. Se imaginan a Dios en el cielo sentado detrás de un escritorio con montones de papeles que contienen las oraciones. Cuando le toca el turno a la petición de alguien Dios le pone un sello que dice aprobada o rechazada. Así que si alguien sana es porque Dios tuvo misericordia de esa persona y la sanó. Si no sana, es porque Él decidió no sanarla por alguna razón. Esta actitud se expresa vez tras vez cuando la gente dice: "Por qué Dios no sanó a fulano. Yo oré por él. Él pudo haberlo hecho". Estas personas piensan que depende de Dios que Él apruebe o rechace nuestra sanidad. La verdad es que, a través de las llagas en la espalda de Jesucristo, Dios ya suministró toda nuestra sanidad.

Quien llevó él mismo nuestros pecados en su cuerpo sobre el madero, para que nosotros, estando muertos a los pecados, vivamos a la justicia; y por cuya herida fuisteis [tiempo pasado] *sanados.*

1 PEDRO 2:24

A través de la muerte, la sepultura, y la resurrección de Cristo, Dios ya pagó por la sanidad de cada persona. Él ya puso el sello que dice aprobada. Ahora no depende de Dios, sino que hay leyes a través de las cuales nuestra fe debe operar. La sanidad que Él ya suministró para nosotros fluirá cuando aprendamos estas leyes y empecemos a ponerlas en práctica.

Prende la Luz

El mundo espiritual opera con leyes espirituales así como el mundo natural opera con leyes naturales.

La electricidad es generada por la compañía de electricidad. Es enviada al lugar donde trabajas y a donde vives a través de los cables eléctricos. Sin embargo, si quieres que tus luces estén prendidas, tú no llamas a la compañía eléctrica y le dices: "¿Por favor podrían prender mis luces? Andrew Wommack va a venir y en la noche vamos a tener una reunión aquí". En realidad no importa cuál es tu necesidad o tu deseo, porque la compañía de luz ya hizo su parte. Ellos ya te suministraron la energía eléctrica, y ahora está a tu disposición. La compañía de luz no va a mandar a alguien para prender el interruptor que está en la pared de tu casa para que se encienda la luz. Ése no es su trabajo. Ellos generan el poder y te lo suministran. Ellos dan mantenimiento y servicio para que la energía esté a tu disposición. Pero tú eres el que tiene que prender la luz.

Sucede lo mismo en el mundo espiritual. Dios ya ha suministrado Su poder sanador para todo el mundo. Jesucristo ya te sanó. Por Sus llagas fuiste sanado (1 P. 2:24). Si tú estás orando y esperando a que Dios haga algo, entonces estás violando las leyes que gobiernan la fe. Tú no estás cooperando con el reino de Dios. Dios ya ha suministrado sanidad. Si tú eres un Cristiano vuelto a nacer, la misma virtud que resucitó a Jesucristo de entre los muertos ya reside en tu interior. Tu problema no es que Dios tenga que generar el poder y ponerlo a tu disposición en tu espíritu vuelto a nacer. El problema es que tú no has aprendido a activarlo y a liberarlo para que se manifieste. Tú todavía no has aprendido cómo prender el interruptor para activarlo. Tú no estás cooperando con Dios porque no estás poniendo la parte que te toca: la fe.

◆ ◆ ◆

Igualmente, tú podrías sentarte donde estás y llamar a la compañía de luz y esperarte todo el día para que ellos manden a alguien para que prenda el interruptor, sin embargo ellos no lo van a hacer. Entonces tú podrías decir: "Pues bien, la electricidad no funciona". No, funciona muy bien. Lo que pasa es que tú no sabes cómo manejarla. Tú no sabes cómo prenderla.

El Poder Fluirá

La sanidad funciona. Jesucristo ya ha sanado a todas las personas. Él ya ha liberado el poder sanador. Si tú no estás sano, no es Jesús el que no ha dado; eres tú el que no lo ha tomado. Tú no sabes cómo prender el poder de Dios.

La mujer con el flujo de sangre obtuvo acceso al poder de Dios. Ella tocó el borde del manto de Jesús, y la virtud fluyó. Sin que el Señor la viera ni la evaluara para decidir si ella era lo suficientemente honesta o no, si era lo suficientemente santa o no, o cualquier otro criterio que la religión dice que Dios emplea. Él no hizo nada por el estilo. Así como fluye la electricidad, el poder fluyó.

Si alguien agarrara un alambre con corriente que no tuviera aislamiento, la energía automáticamente fluiría y le daría una descarga eléctrica. No es que la compañía de luz les dio esa descarga de manera personal para darles una lección. Son las leyes que gobiernan la electricidad. Si tú tocas un alambre con corriente, y estás haciendo tierra, entonces vas a recibir una descarga eléctrica.

Sucede lo mismo con la sanidad. Tú nunca le tienes que pedir a Dios. Tú no tienes que rogar ni suplicar, ni hacer todas las cosas que nos han enseñado que debemos hacer. Todo lo que debes hacer es creer y extender los brazos con fe para recibir. Si tú estás establecido en la fe, el poder fluirá.

La mujer con el flujo de sangre confirmó esto. Ella activó las leyes que gobiernan la fe, y el poder de Dios fluyó. Jesucristo ni siquiera sabía quién lo había tocado. Ahora bien, Él sí reconoció la descarga de ese poder. Cuando Él se volteó y la mujer no se dio a conocer inmediatamente, yo creo que Él usó los dones del Espíritu Santo y supo con exactitud quién era la mujer. Así fue como Él pudo determinar quién era esa mujer.

Pero es significativo notar aquí que Jesucristo no sabía quién era ella hasta que el poder de Dios fluyó. No era Dios el que de manera personal estaba diciendo: "Sí, te voy a sanar a ti", y le puso el sello que decía "aprobada" a la oración de esta mujer. No, el poder sanador ya ha sido generado y está disponible. Todo lo que tienes que hacer es alargar tu brazo, tocarlo con fe, y el poder de Dios fluirá.

La Ignorancia es Mortal

Esto me bendice y me emociona. Para mí, es la respuesta a muchas preguntas. Me explica por qué algunas buenas personas a pesar de que deseaban ser sanadas y de que estaban orando con fervor por su sanidad, murieron. Dios no los rechazó a ellos y a su petición. El Señor no fue el que decidió no sanarlos. Él ha establecido Su reino para que opere con leyes. Dios quería que estuvieran sanos y que gozaran de bienestar, pero ellos no cooperaron.

Leonardo da Vinci tuvo algunas buenas ideas que trató de llevar a la práctica con mucha pasión y con el deseo de que funcionaran. Casi lo logró, pero hay leyes. Dios no podía decir: "Muy bien, casi lo logras. Voy a permitir que este helicóptero funcione aunque no tengas los materiales adecuados. Aunque no tienes una verdadera fuente de poder, ni un motor eléctrico, tú le has puesto mucho empeño. Por lo tanto, voy a permitir que funcione para ti". No, hay leyes naturales con las que se debe cooperar. Él casi lo lograba, pero no fue suficiente. Por lo tanto no funcionó para él.

En el mundo espiritual, hay personas buenas que le hacen peticiones a Dios. Casi logran, su objetivo, pero ellos no comprenden ni cooperan con el mecanismo del reino. No es Dios el que los rechaza, lo que sucede es que el reino opera con leyes. Si tú violas esas leyes, éstas te matarán. La ignorancia es mortal. En el lenguaje coloquial, decimos: "La ignorancia es una bendición. El que nada sabe nada teme". Eso no es verdad, especialmente en el ámbito espiritual. Lo que tú no sabes te está matando (Os. 4:6). Debemos comprender cómo funciona el reino.

La Fe Viene por el Oír

Estudiemos con más detenimiento el ejemplo de la mujer con el flujo de sangre. Ella entendió y cooperó con varias de las leyes del reino. En primer lugar, ella tuvo que haber oído hablar de Jesucristo.

> *Pero una mujer que desde hacía doce años padecía de flujo de sangre, y había sufrido mucho de muchos médicos, y gastado todo lo que tenía, y nada había aprovechado, antes le iba peor, cuando oyó hablar de Jesús, vino por detrás entre la multitud, y tocó su manto.*
>
> **Marcos 5:25-27**

Alguien le habló de Jesucristo y de los milagros que Él estaba haciendo. Esta ley básica de la fe también está establecida claramente en Romanos.

> *Así que la fe es por el oír, y el oír, por la palabra de Dios.*
>
> **Romanos 10:17 RVA**

Tú tienes que oír hablar de Dios. Tienes que recibir información. La Palabra de Dios nos alimenta con información que es contraria casi a toda la información que obtendrás en el mundo natural. Tú no tendrás fe si escuchas las (malas) noticias por la noche. No vas a obtener fe viendo telenovelas en la televisión, películas pornográficas, y cosas como ésas. Esas cosas producen información desfavorable. Si queremos fe, tenemos que pasar tiempo en la Palabra de Dios.

Ella escuchó hablar de Dios. Ahora bien, ella no necesariamente se informó acerca de Jesús leyendo las Escrituras. Pero ahora tenemos las Escrituras del Nuevo Testamento que incluyen el ministerio de Jesucristo, el ministerio de Sus apóstoles, y el conocimiento revelador. Si hoy vas a aprender sobre Jesús, tú necesitas escuchar la Palabra de Dios. Tú debes profundizar y meditar en la Palabra de Dios.

Esta mujer había oído hablar de Jesucristo. Ella meditó, reflexionó, y pensó en lo que había escuchado. Ella pudo haberlo rechazado, pero lo aceptó. La fe viene por el oír, y el oír por la Palabra de Dios.

¡Conéctate con la Fuente de Poder!

Si tú quieres recibir sanidad, necesitas profundizar en la Palabra de Dios. El Salmo 107 dice:

Envió su palabra, y los sanó, Y los libró de su ruina.

SALMO 107:20

La Palabra de Dios te sanará y te liberará. Si tú la encuentras, es vida y salud para toda tu carne.

Hijo mío, está atento a mis palabras; inclina tu oído a mis razones. No se aparten de tus ojos; Guárdalas en medio de tu corazón; Porque son vida a los que las hallan, y medicina a todo su cuerpo.

PROVERBIOS 4:20-22

Ésta es una de las leyes que mucha gente viola. Estas personas quieren recibir algo de parte de Dios, pero no dedican nada de tiempo a la Palabra. Ellas pueden decir: "Bueno, creo que la Biblia dice en algún lugar que por Su llaga somos sanos, pero no estoy seguro si lo estoy citando correctamente o no". Si así eres tú, no vas a ser sanado por la Palabra de Dios. A lo mejor otra persona podría ministrarte, y tú podrías sanarte por su fe, pero es difícil que sanes siendo así de impreciso. Tú tienes que saber lo que la Palabra de Dios dice. Tú tienes que ser capaz de encontrar los versículos.

Si la palabra de Dios no está viva en tu interior, entonces estás violando una de las leyes fundamentales. Es como tener un cable que no está conectado a ningún enchufe, y no obstante preguntarte por qué tu aparato electrónico no está funcionando. No está funcionando porque no estás conectado a la fuente de poder. ¡Tú tienes que conectarte a la Palabra de Dios!

Capítulo 17
Las Palabras Son Poderosas

Así que cuando esta mujer oyó hablar de Jesús,…

Vino por detrás entre la multitud, y tocó su manto. Porque decía. Si tocare tan solamente su manto seré salva.

MARCOS 5:27-28

Aquí ella cooperó con otra ley: Ella declaró su fe. La Palabra de Dios clara y repetidamente revela esta verdad en varios lugares, incluyendo Proverbios 18.

Del fruto de la boca del hombre se llenará su vientre; Se saciará del producto de sus labios. La muerte y la vida están en poder de la lengua, Y el que la ama comerá de sus frutos.

PROVERBIOS 18:20-21

Alguien podría citar el relato de Mateo sobre este mismo ejemplo que dice:

Porque decía dentro de sí: Si tocare solamente su manto, seré salva.

MATEO 9:21

De acuerdo a Mateo, ella dijo dentro de sí, pero de acuerdo a Marcos, ella habló con su boca. ¿Cómo fue? Yo creo que de ambas. Antes de que verbalicemos las cosas con nuestra boca, las decimos en

◆ ◆ ◆

nuestro interior. Las Escrituras no se contradicen. Ella hizo ambas cosas, y ésta es una de las leyes que gobiernan la fe.

Nuestras palabras son poderosas. Con nuestras palabras, podemos liberar la vida, y con nuestras palabras, podemos liberar la muerte. Debemos reconocer que hay poder en nuestras palabras—no sólo poder positivo, sino también poder negativo.

Libera Tu Fe

Si estás rezongando, afligiéndote, y quejándote, tú estás liberando la fuerza negativa de la incredulidad. Esa incredulidad cancelará, contrarrestará, y anulará tu fe. Muchas personas oran y le piden a Dios que los sane. Luego alguien se acerca a ellos y les pregunta: "¿Cómo estás?" Ellas contestan: "Oh, me estoy muriendo. El doctor me dijo esto y esto, y todo me duele". Estas personas empiezan a decir lo negativo—lo que es contrario a la Palabra de Dios—con su boca, y violan una de las leyes que gobiernan la fe.

Es como hacer un corto circuito en una instalación eléctrica. Es posible que el poder esté allí, pero como tú constantemente haces corto circuito, no está produciendo los resultados deseados.

Tú debes reconocer que las palabras que tú dices son poderosas. Dios creó los cielos y la tierra con palabras. Él con Sus palabras dio la existencia al mundo. Él dijo "Sea la luz (Ge. 1:3), y también dijo produzca la tierra hierba verde (Ge. 1:11)." El mundo físico, incluido nuestro cuerpo físico, responde a las palabras. Tus palabras son importantes.

Mucha gente piensa: "No importa lo que diga", pero la Palabra de Dios revela que sí importa lo que dices. Lo que dices influye en lo que crees. Influenciará tu cuerpo, al diablo, y hasta a Dios. Dios usa tus palabras. Ésta es una de las maneras más importantes de liberar tu fe.

Manifiesta la Palabra de Dios

En más de cincuenta años de ministerio, he orado por miles de personas. A través de los años he aprendido que cuando estoy orando por alguien es muy importante que yo pronuncie palabras llenas de fe. Nunca expreso mis dudas. Ha habido ocasiones en que la gente ha recurrido a mí en tan mal estado que produjeron temor y duda en mi interior, pero nunca lo expresé. Yo solamente expreso mi fe. He visto gente que ha sanado a pesar de mi incredulidad porque nunca la expresé.

Mateo 6:31: dice:

No os afanéis, pues, diciendo.

Tú no puedes evitar que un pensamiento venga, pero puedes evitar hacerlo tuyo. No os afanéis pues diciendo... En realidad tú no te has apropiado de un pensamiento sino hasta que empiezas a verbalizarlo. Lo que dices es muy, muy importante.

Así que cuando esta mujer con el flujo de sangre dijo: "Si tocare solamente su manto, seré salva", ella activó una ley de Dios. Acabamos de ver que hay muerte y vida en el poder de la lengua (Pr. 18:20-21). Ella dijo algo positivo, y luego, cuando ella actuó de acuerdo a eso, el poder se liberó.

Si tú estás batallando con alguna enfermedad, tienes que empezar a decir palabras llenas de fe. Tú tienes que desear los resultados de las palabras que estás diciendo. No digas lo que el doctor ha dicho, ni cómo te sientes. Manifiesta lo que la Palabra de Dios dice sobre ti, y verbalízalo con fe. Al principio a lo mejor no lo crees totalmente, pero la fe viene por el oír, y el oír, y el oír de la Palabra de Dios. Verbalizar la Palabra de Dios, y continuar verbalizándola, te ayudará a creerla.

El Poder Espiritual

Otro pasaje de la Escritura que nos muestra la importancia de nuestras palabras es:

Porque de cierto os digo que cualquiera que <u>dijere</u> a este monte: Quítate y échate en el mar, y no dudare en su corazón, sino creyere que será hecho lo que <u>dice</u>, lo que <u>diga</u> le será hecho.

MARCOS 11:23

Este versículo enfatiza tres veces el tema de las palabras. Tú debes declarar tu fe y no tu incredulidad. Cuando tú expresas tu fe, se libera poder espiritual. Le permites actuar a Dios.

La mayoría de los doctores han adoptado la actitud de que nunca quieren darle mucha esperanza al paciente. Siempre tratan de dar el peor cuadro clínico, porque piensan que hacerlo de esta manera es algo bueno y sabio. Yo sé que hacen esto para no correr el riesgo de que les pongan una demanda, pero tú debes darle esperanza a la gente y decirle cosas positivas. Tú no debes decir cosas negativas. Cuando estés con alguien en un cuarto de hospital, no le hables de la muerte. Háblale de la vida. Libera vida con tus palabras. Manifiesta la Palabra de Dios. Su palabra se convertirá en vida y salud para todo su cuerpo (Pr. 4:22).

Háblale a tu Montaña

Como ya vimos, Jesucristo dijo en Marcos 11:

Cualquiera que dijere a este monte: Quítate.

MARCOS 11:23

Aquí la montaña simboliza tu problema. Si estás enfermo y tienes una dolencia, háblale a esa enfermedad. Dile: "Cáncer, estás muerto. Te ordeno que salgas de mi cuerpo en el nombre de Jesús. Cáncer, ahora mismo sales de mi cuerpo". La Biblia dice que le hables a la montaña, sin embargo la mayoría de las personas le hablan a Dios de su problema. Esto es simple, pero profundo, y es algo que ha revolucionado mi vida.

Cuando el asunto es la sanidad, tú debes aprender a operar con base en este fundamento. Si tú tienes dolor en tu pie, di: "Dolor de mi pie, en el nombre de Jesús te ordeno que te vayas". No digas: "Dios, por favor quita el dolor de mi pie". Ésas no son las instrucciones que Él nos dio. Él nos dijo que le hablemos al problema, no que le hablemos a Él de nuestro problema. La mayoría de la gente no está cooperando con esta verdad. Están violando esta ley, y por eso el poder de Dios no fluye. Debemos hacer lo que el Señor nos dijo que hiciéramos.

Recuerdo que en Charlotte, North Carolina, le ministré esta verdad a una mujer que tenía problemas muy serios de salud. A ella le habían diagnosticado en 1994 toda clase de enfermedades y dolencias. Ella padecía continuamente un dolor insoportable, y sufría mucho. Los doctores le dijeron en 1997 que ya no era posible que viviera mucho, y le dieron un mes de vida. Yo oré por ella, en el año 2001. Ella ya había vivido cuatro años más de lo que le habían dicho que iba a vivir. Sin embargo, ella tenía un sin número de problemas de salud, y vivía constantemente con un dolor terrible.

Yo hablé con ella y le expliqué algunas verdades de la Palabra en relación a la sanidad. Luego oré con ella, y le hablé al dolor. Ella tenía dolor en todo su cuerpo. Le ordené al dolor que se fuera. No le pedí que se fuera. Tomé la autoridad que Dios me ha dado como creyente y le ordené al dolor que se fuera.

Ejerce la Autoridad y Ordena

Esto nos lleva a otra importante ley del reino. Como Dios ya hizo Su parte a través de la expiación de Cristo, nosotros debemos tomar nuestra autoridad como creyentes y debemos ordenarle al poder que fluya (Is. 45:11). En vez de que hagamos una petición con signos de interrogación al final de nuestra oración, preguntándonos qué es lo que Dios va a hacer, necesitamos creer y actuar con base en la verdad de lo que el Señor ya ha hecho. Por Su herida fuiste (tiempo pasado) sanado (1 P. 2:24).

Así que le hablé a su cuerpo, le hablé al dolor, y le ordené que se fuera. Instantáneamente, por primera vez en siete años esta mujer no sintió dolor. Ella empezó a alabar a Dios, pero luego se detuvo y dijo: "Todavía tengo un ardor en mi espalda por la cintura. ¿Por qué no se fue este ardor?"

Le respondí: "Bueno, yo no le hablé al ardor. Tú no me mencionaste que tenías ardor, por lo tanto no le hablé a eso". Así que volví a orar, y esta vez dije: "Ardor, en el nombre de Jesús, te ordeno que te vayas". Y se fue.

Esta mujer estaba fuera de sí de contenta, dando vueltas y alabando a Dios. Me pasé casi media hora diciéndole cómo mantener su sanidad porque yo sabía que Satanás vendría y trataría de robarse la Palabra (Mr. 4:15). Le dije lo que debería hacer si volvía a sentir otro dolor, ardor, o cualquier cosa parecida.

Cómo Funciona el Reino

Efectivamente, antes de que estuviera lista para partir, ella me vio y me dijo: "El ardor regresó".

Yo le dije: "Bien, ya te enseñé cómo hacerlo. Voy a tomar tus manos y te voy a respaldar, pero tú vas a orar. Tú encárgate de eso".

Así que esta mujer dijo una oración muy buena y dijo: "Padre, te agradezco que es Tu voluntad sanarme". Treinta minutos antes ella había creído que Dios era el que le había dado esa enfermedad. Pero ahora, ella ya había recibido la Palabra de Dios cuando contrarresté su incredulidad. Ella oró: "Padre, yo creo que por Tus llagas fui sanada. Yo reclamo mi sanidad en el nombre de Jesucristo". Ahora bien, ésa es una muy buena oración si consideramos cuál era la manera de pensar de esta mujer, pero yo sabía que no iba a funcionar. Como yo sabía que el ardor no se había ido, le pregunté: "¿Todavía tienes el ardor?"

"Sí, ¿Por qué no se fue?"

"Porque tú le hablaste a Dios de tu ardor en vez de hablarle al ardor". Entonces yo abrí mi Biblia en Marcos 11:23 y compartí más cosas sobre esta verdad con ella, diciéndole: "Tú tienes que hablarle a tu montaña".

Ella se me quedó viendo y me dijo: "¿Quieres decir que le hable al ardor, que lo llame por su nombre, y que literalmente le hable?"

"Sí. Eso es lo que la Biblia dice que debemos hacer".

Tú podrías pensar que esto es extraño, sin embargo Jesucristo le habló a una higuera (ver Mr. 11:12-26). Él es el que nos dijo que le hablemos a la montaña (Mr. 11:23). Sí funciona. Es una ley en Su Reino. Tú no tienes que comprenderla para usarla. Cuando tú accionas un interruptor en la pared, no tienes que saber cómo es que la luz se prende. Tú simplemente lo haces y funciona. Libera tu fe y ejerce la autoridad que Dios te dio hablándole a la montaña. Funcionará.

Así que esta mujer volvió a orar, y dijo: "Ardor, en el nombre de Jesús…" Inmediatamente ella se detuvo y exclamó: "¡Ya se fue!" Eso es todo lo que tuvo que decir. Dios la había liberado. Después de un año cené con ella, y todavía estaba viviendo con salud divina. ¡Fue un gran milagro!

Una de las claves importantes que yo usé fueron mis palabras. Específicamente, yo no le dije palabras positivas a Dios, más bien le hablé palabras positivas a la situación. Ejercí mi autoridad y le ordené a la situación que cambiara. Éstas son algunas de las leyes del Reino. Al principio te parecerá extraño, pero así es como funciona el Reino.

Recíbelo por Fe

Si tienes un problema de dinero, háblale a tu chequera. Tu chequera te está hablando a ti, diciéndote: "Mira tu saldo negativo, no hay nada de saldo positivo. La Palabra no funcionó. Dios no te está proporcionando lo que te falta". Te vendrán esos pensamientos cuando ves tu chequera. Así que háblale a la montaña. Di: "En el nombre de Jesucristo, mi Dios suplirá todo lo que me falta conforme a Sus riquezas en gloria en Cristo Jesús (Fil. 4:19). Le ordeno a este saldo que se haga positivo. Yo llamo a la provisión abundante de Dios para que se manifieste. Mis cuentas de banco reciben dinero y sus saldos positivos aumentan".

En relación a la sanidad física, háblale a tu cuerpo. Recientemente yo reprendí la diabetes de un hombre en una de mis reuniones. No le pedí a Dios que la reprendiera, yo lo hice. El Señor ya hizo Su parte. Dios ya sanó a ese hombre. El asunto es que alguien aquí en la tierra libere su fe ejerciendo su autoridad y hablándole a la montaña.

Yo podría compartir contigo mucho más sobre cómo ejercer tu autoridad y cómo hablarle a la montaña. Es muy importante que recibas esta revelación y que empieces a operar con ella. Por eso me gustaría recomendarte mis estudios titulados *La Autoridad del Creyente, ¡Ya lo Tienes!, y Espíritu Alma y Cuerpo.* Tú tienes que aprender que Dios ya hizo Su parte y que ahora tú debes ejercer tu autoridad y ordenar que lo que Él ya hizo se manifieste. Todo lo que Cristo ya ha suministrado a través de Su muerte, sepultura, y resurrección está disponible ahora mismo en el ámbito espiritual por gracia, pero para que tú puedas disfrutar la manifestación de esa provisión en al ámbito físico debes extender los brazos y recibir por fe.

Regenerar y Reparar

Así que le ordené a la diabetes que se fuera. Luego le ordené a su páncreas que reviviera y que funcionara bien. Hice esto porque ésta era la parte de su cuerpo que no estaba funcionando bien. Le ordené a la insulina que se incrementara hasta llegar al nivel adecuado y cosas por el estilo.

Un mes después, este hombre vino a verme trayendo una noticia muy buena. Empezó a mostrarme el registro diario de datos en el monitor electrónico que él usaba para medir sus niveles de azúcar. No sé exactamente qué significa la cifra, pero él tenía más de

1100 el día que oré por él. Después este número empezó a disminuir, y disminuir, y disminuir. Él continuó mostrándome la información y cómo había disminuido cada día. Él había bajado hasta un nivel como de 108 cuando lo vi. Este cambio positivo ocurrió porque no solamente reprendí a la diabetes y le ordené que se fuera, sino que también le hablé a su cuerpo y le ordené que se regenerara.

De hecho he impuesto mis manos en gente que tenía tumores que desaparecieron instantáneamente—mientras tenía mi mano encima—cuando oré y reprendí al cáncer. Pude sentir cómo desaparecían. Pero también me he dado cuenta de que las enfermedades como ésa dañan el cuerpo. Así que yo le hablo a las partes del cuerpo que fueron afectadas y libero el poder sanador de Dios. Le ordeno a los órganos que fueron corroídos que se regeneren y se reparen. Así es como le hablo a la montaña.

Cuando oro por la gente que está enferma de algo como la artritis, reprendo la artritis llamándola por su nombre. Yo creo que la artritis es un espíritu demoníaco, así que reprendo al espíritu y le ordeno a la artritis que se vaya en el nombre de Jesucristo. Si me detuviera allí, esas personas podrían sanar de artritis, pero el daño que la artritis causó en sus cuerpos todavía estaría allí. Por lo tanto no solamente reprendo a la artritis, sino que también le ordeno al cuerpo que se regenere. Le ordeno a las extremidades torcidas que regresen a su estado normal. Le ordeno al dolor, a la hinchazón, y a la inflamación que se vayan. He visto buenos resultados miles y miles de veces cuando coopero con esta ley espiritual.

Tú debes hablar. La mujer con el flujo de sangre habló y dijo: "Si al menos logro tocar su manto seré sana (NVI)". Luego ella actuó con base en lo que ella creyó. No la habría beneficiado en absoluto decir lo que dijo si no hubiera proseguido con acciones.

Capítulo 18
Actúa de Acuerdo a Tu Fe

La fe sin la acción correspondiente es una fe muerta.

¿Mas quieres saber, hombre vano, que la fe sin obras es muerta?

Santiago 2:20 RVA

Tú debes actuar de acuerdo a tu fe. Si estás enfermo, y al leer este libro has empezado a decir: "Yo creo en el nombre de Jesucristo que soy sano", pero luego continúas pensando como un enfermo, hablando como un enfermo, y actuando como un enfermo, no verás la manifestación de tu sanidad. Tú necesitas meditar en la Palabra de Dios en relación a la sanidad, verbalizarla una y otra vez hasta que la fe venga, y luego actúar de acuerdo a tu fe. Si has estado postrado en la cama porque no te sientes bien, levántate y empieza a hacer algo. Muévete. Empieza a actuar de acuerdo a tu fe.

La Fe se Completa con las Obras

Yo podría compartir contigo cientos de ejemplos de esta verdad en acción. En el pasado yo me lastimé la espalda y sufrí de un dolor insoportable. No tenía ganas de moverme, pero me levanté por fe y empecé a hacer algunos ejercicios y abdominales. Hice todo lo que no tenía ganas de hacer, resistiéndolo (Stg. 4:7). Eso sucedió hace más de treinta años. Gloria a Dios, todavía tengo una espalda fuerte y sana. Pero antes de que recibiera la manifestación de la sanidad, mi espalda estaba muy mal.

En otra ocasión me sentí muy enfermo mientras realizaba un trabajo de pintura. Regresé a mi casa para el almuerzo y me acosté en el sillón, sin ganas de hacer nada. Mi esposa, como es una mujer de gran fe, me levantó, puso mi brazo sobre su cuello, y me obligó a que bailara con ella por toda la casa actuando como si estuviera sano. Pasados treinta minutos lo había superado, regresé a mi trabajo de pintura, y me pagaron ese día (en ese entonces verdaderamente necesitábamos el dinero).

Mucha gente se quedará acostada en la cama tomando refresco y tomando pastillas. Le permitirán a un ser querido que les mime la enfermedad y después se preguntan por qué están enfermos. La fe se perfecciona, y se completa, con las obras.

¿No ves que la fe actuó juntamente con sus obras, y que la fe se perfeccionó por las obras?

SANTIAGO 2:22

Ahora bien, no malinterpretes esta verdad pensando que las acciones producen fe. No lo hacen, y aquí es donde mucha gente ha fallado. Algunas personas que no le creen a Dios, piensan: "Si actúo como si estuviera creyéndole a Dios, entonces funcionará". Así que dejan de tomar su insulina, sus tratamientos, su medicina, y se mueren. Luego la fe obtiene mala fama. Las obras—las acciones—no producen fe, pero si ya tienes fe entonces tu fe no se completará hasta que actúes de acuerdo a ella.

Concentración y Determinación

La mujer con el flujo de sangre tuvo que actuar de acuerdo a lo que ella creía. Por fe, ella había dicho: "Si al menos logro tocar su manto seré sana (NVI)". Así que ella actuó de acuerdo a eso al abrirse paso a través de la multitud que estaba alrededor de Jesús apretándolo hasta que pudo estirar la mano y tocó el borde de Su manto.

No era fácil que una persona se agachara y tocara el borde de un manto que llegaba hasta el suelo. Eso significa que esta mujer probablemente gateó valiéndose de sus manos y rodillas, abriéndose paso enérgicamente a través de esa multitud que rodeaba a Jesús. Esto muestra una determinación absoluta de su parte.

De acuerdo a la ley del Antiguo Testamento, el flujo de sangre de esta mujer la hacía impura. Cualquier prenda o persona que se rozara con ella también se contaminaba. Este tipo de flujo se consideraba muy ofensivo. Personas como ella, que tuvieran flujo de sangre, no podían salir a lugares públicos. Si lo hacían, tenían que pararse en la esquina de la calle y tenían que gritar: "Impuro, impuro". Entonces la gente les abría paso y les hacían un camino amplio para que pasaran. Cuando ella gateó y se abrió paso a empujones a través de esa multitud para poder tocar la ropa de Jesucristo, esta mujer estaba arriesgándose mucho. Si se descubría que ella tenía un flujo de sangre, ella podría ser apedreada. Pero ella no iba a permitir que nada ni nadie le obstaculizara ni le impidiera recibir de parte de Dios.

Esto ilustra otra importante ley del reino. Se requiere concentración y determinación para recibir algo de parte de Dios.

"Con Todo Tu Corazón"

Mucha gente está muy familiarizada con Jeremías 29:11 que dice:

> *Porque yo sé los pensamientos que tengo acerca de vosotros, dice Jehová, pensamientos de paz, y no de mal, para daros el fin que esperáis.*

Pero no están tan familiarizados con los versículos 12 y 13, que prosiguen con este pensamiento, diciendo:

> *Entonces me invocaréis, y vendréis y oraréis a mí, y yo os oiré; y me buscaréis y me hallaréis, porque me buscaréis de todo vuestro corazón.*

Fíjate cómo aquí la Palabra de Dios revela que tú lo buscarás y lo encontrarás cuando lo busques con todo tu corazón. Mucha gente ora con una actitud pasiva: "Dios, me gustaría ser sanado", pero la realidad es que sinceramente esas personas podrían prescindir de la sanidad. Ellos no están comprometidos al punto de que digan: "No puedo vivir sin la sanidad". Por eso, ellos no ven que el poder de Dios se manifieste.

Mientras puedas vivir sin ser sanado, lo harás. Pero cuando tú llegues al punto de decir en tu corazón, ya no voy a aguantar esto, cuando tú obtengas la misma determinación que tuvo la mujer con el flujo de sangre y estés dispuesto a correr el riesgo de ser pisoteado o apedreado por la multitud hasta morir, cuando verdaderamente te enfoques y le des tanta importancia a esto que estés dispuesto a hacer todo lo que sea necesario para actuar con base en lo que crees, cuando obtengas esa clase de actitud, el poder de Dios empezará a fluir. Ésta es justamente otra de las leyes que gobiernan el funcionamiento de la fe.

Un Corazón Puro

Así como la incredulidad, el rencor puede hacer corto circuito con el poder de Dios.

> *Entonces su señor, enojado, le entregó a los verdugos, hasta que pagase todo lo que le debía. Así también mi Padre celestial hará con vosotros si no perdonáis de todo corazón cada uno a su hermano sus ofensas.*
>
> **MATEO 18:34-35**

Si tú guardas rencor en tu corazón, serás entregado a los verdugos. Una raíz de amargura brotará y contaminará todo tu cuerpo.

> *Mirad bien, no sea que alguno deje de alcanzar la gracia de Dios; que brotando alguna raíz de amargura, os estorbe, y por ella muchos sean contaminados.*
>
> **HEBREOS 12:15**

Tú tienes que tener un corazón puro—un corazón que no tenga rencor ni amargura.

Cómo Funciona la Fe

También, la fe obra por el amor.

Porque en Cristo Jesús ni la circuncisión vale algo, ni la incircuncisión, sino la fe que obra por el amor.

GÁLATAS 5:6

Si verdaderamente comprendieras lo mucho que Dios te ama, tu fe se dispararía hasta las nubes. Si la ira y el castigo del Antiguo Testamento te han confundido, mi estudio **La Guerra Ya Terminó** verdaderamente te abrirá los ojos. Cuando tú comprendas lo mucho que Dios te ama, tu fe funcionará.

En una ocasión un hombre y su hija de doce años asistieron a uno de mis servicios religiosos. Ella estaba sentada en una silla de ruedas, y prácticamente, era un vegetal. Ella estaba viva y respiraba, pero no podía comunicarse. Su mente y su cuerpo no funcionaban. Tenía doce años de edad, y todavía usaba pañales. Durante el servicio yo dije que la voluntad de Dios es sanar a la gente todas las veces. Este padre se ofendió, y se fue. Pero la persona que lo había traído al servicio lo convenció para que se quedara hasta el final del servicio y le dijo: "A lo mejor malinterpretaste lo que Andrew dijo. A lo mejor él podría explicártelo". Así que él se quedó, pero estaba enojado conmigo.

Le dije: "La voluntad de Dios es sanar a tu hija".

Él contestó: "Dios la hizo así. Es Su voluntad". Yo sabía por qué decía eso. Era un mecanismo de defensa. Le dolía ver a su hija en esa condición. Estoy seguro que él había orado pero no había visto buenos resultados. Así que él supuso que ésa era la voluntad de Dios, y que Dios tenía algún plan y que por eso ella estaba así.

"Dios es Amor"

Así que empecé a enseñarle con base en las Escrituras que eso no era verdad. Pues bien, él sacó a relucir varios versículos para defender su opinión. Yo pensé que él estaba malinterpretando sus versículos, y él pensó que yo estaba malinterpretando los míos. Nos encontrábamos en un callejón sin salida, y este hombre estaba muy enojado.

Él estaba parado atrás de la silla de ruedas de su hija, y ella estaba en medio de nosotros dos. Yo estaba desesperado por hacer que este hombre comprendiera que Dios quería que su hija estuviera sana, y como él ya estaba enojado conmigo pensé que ya no había nada que perder. Así que finalmente lo enfrenté, diciéndole: "Es más, ¿qué clase de padre eres? ¿Qué clase de padre es el que quiere que su hija sea tetrapléjica, o que sea un vegetal, atada a una silla de ruedas toda su vida? Ella nunca tendrá la oportunidad de jugar, ni de casarse, ni de disfrutar otras bendiciones en su vida. ¿Qué clase de hombre eres?"

Este hombre ya estaba enojado, pero ahora echaba fuego por los ojos. Él pudo haberme golpeado, y estoy seguro que lo consideró, pero se me quedó viendo con ojos llenos de cólera, y contestó: "¡Yo haría cualquier cosa para que mi hija sanara. Si hubiera una operación, pagaría cualquier cantidad de dinero. Si pudiera me haría como ella, para que ella pudiera ser normal, verdaderamente lo haría. Yo haría cualquier cosa para que ella sanara!"

Después que dijo todo eso, lo vi directamente a los ojos y le dije: "¿Y tú piensas que Dios—que tiene todo el poder—ama a tu hija menos de lo que tú la amas?"

Eso lo paró en seco, fue como si le hubiera echado encima un balde de agua fría. Él tenía una doctrina, y una argumentación. Él había recibido la enseñanza equivocada de que Dios le impone enfermedad a la gente. Él amaba a su hija, y habría hecho cualquier cosa por ella. No había límites en lo que él estaba dispuesto a hacer para poder producir la sanidad de su hija. Así que le volteé la tortilla y lo desafié diciéndole: "Tú piensas que Dios—de quien la Biblia dice que es amor—ama a tu hija menos de lo que tú la amas". Él podía discutir doctrina, pero no pudo hacerlo cuando resumí todo al amor.

Dios es amor.

1 Juan 4:8 RVA

Si tú verdaderamente comprendieras y creyeras lo mucho que Dios te ama, tu fe se dispararía hasta las nubes creyendo que Dios te está sanando. No es el Señor el que no nos ha sanado, somos nosotros los que no hemos comprendido ni recibido. Debemos comprender lo mucho que Dios nos ama. Debemos concentrarnos y meditar en Su amor por nosotros. Tan sólo eso haría maravillas en nuestra fe.

El Manual del Usuario

A lo mejor tú eres persistente y estás enfocado en la sanidad, pero no comprendes cuánto te ama Dios. Tú piensas que Él está molesto. Te odias a ti mismo. Estás decepcionado de ti mismo, y piensas que verdaderamente no le caes bien al Señor. Ése es un gran obstáculo que impide que el poder sanador de Dios fluya en tu vida. La fe obra por el amor (Ga. 5:6). Ésta es otra ley del reino de Dios. Si tú quieres ver que el poder sanador de Dios se manifieste en tu vida, debes empezar a comprender cuánto te ama Dios.

Y podríamos continuar indefinidamente. Repito, yo probablemente he descubierto unas cien leyes diferentes que gobiernan el funcionamiento de la fe. Solamente he podido compartir unas cuantas de las más importantes en este libro. Personalmente, yo todavía no comprendo todo lo relacionado con la fe y la sanidad, pero todo está revelado en la Palabra de Dios.

La Palabra de Dios es el manual del usuario. Como creyentes vueltos a nacer, le pertenecemos a Él, y Su Palabra nos dice cómo opera el reino. Tenemos que profundizar en la Palabra y descubrir las leyes que gobiernan el funcionamiento de la fe. Luego, por fe, necesitamos cooperar con esas leyes.

Toma varios ejemplos de personas en la Biblia y analiza cómo fue que recibieron su sanidad. Medita sobre la mujer con el flujo de sangre. Estudia el ejemplo de Jairo cuando su hija resucitó de entre los muertos. Considera la manera como Jesucristo le ministró sanidad a otros. Ora y pídele al Espíritu Santo que te ayude a ver cosas que se aplican a ti y a la gente a la que Él quiere que les ministres sanidad.

Dios quiere que estés sano. Él quiere que estés sano más de lo que tú quieres estarlo. Si tú no estás sano, no es porque Dios no lo quiera. Es porque no has comprendido cómo recibir. En tu vida hay algo que estás haciendo, probablemente son algunas de las cosas que hemos estudiado en este libro, que te está limitando. A lo mejor tú has estado verbalizando cosas negativas. Has estado quejándote, lamentándote y repitiendo lo que el doctor dijo en vez de lo que Dios tiene que decir. A lo mejor tú estás más influenciado por tu reporte médico que por tu reporte que está en la Palabra de Dios. Tú tienes que empezar a declarar lo que Dios dice en Su Palabra. Debes hablarle a tu montaña—directamente a tu problema. Tú debes actuar de acuerdo a tu fe. Comprométete hasta el punto de que nada pueda hacerte desistir de recibir por fe lo que Dios ha proporcionado. Mientras puedas vivir sin ser sanado, lo harás. Pero una vez que decidas que ya no vas a vivir de esta manera, eso marcará la diferencia. Tú debes comprender el amor de Dios, y debes aprender a perdonar. Y muchas otras cosas más.

¡Recibe!

Dios es un Dios bueno. Él ya suministró todo lo que necesitas, incluyendo la sanidad. Dios quiere que estés sano. Él está a tu favor. Si tú le permites, Él te guiará a toda la verdad y te mostrará lo que debes hacer para que puedas recibir tu sanidad.

Ahora quiero orar por ti.

Padre, yo intercedo en oración por mi amigo que ahora mismo está leyendo este libro. Yo sé que es Tu voluntad que él esté sano. Yo sé que Tú ya lo hiciste, que por tus llagas él ya fue sanado (1 P. 2:24). Señor, Tú ya has generado el poder. Allí está. Él solamente debe accionar el interruptor. Solamente se trata de que aprenda y que cambie su manera de pensar. Padre te pido en esta oración que en este mismo momento el Espíritu Santo despierte en el interior de mi amigo aquello que él necesita cambiar para que pueda recibir lo que Tú ya has hecho.

Tu Palabra dice que todas las cosas que pertenecen a la vida y a la piedad nos son dadas mediante el conocimiento de Él (2 P. 1:3). Padre, te pido que le impartas a mi amigo el conocimiento que ahora mismo necesita para desatar y experimentar Tu poder sanador.

En este momento le hablamos a este problema, en el nombre de Jesús. Le ordenamos a cualquier tumor, cáncer, o cualquier otra cosa que haya invadido su cuerpo que muera. Gérmenes, virus, infecciones, y demás, mueran en el nombre de Jesús. Padre, liberamos Tu unción para que fluya a través de su cuerpo para liberarlo del dolor y de cualquier otro síntoma. Vamos a la raíz del problema y le ordenamos a estas cosas que se corrijan.

En el nombre de Jesús, ordeno que el temor se vaya, que venga la fe, y que el amor fluya. Estamos de acuerdo contigo en que él fue sanado, y si fue (tiempo pasado) sanado, entonces es (tiempo presente) sano. Padre te damos gracias porque Tú lo quieres sano. Recibimos esto en el nombre de Jesús. Amén.

¿Siempre es la Voluntad de Dios Sanar a la Gente?

Hay diecisiete casos en los Evangelios en los que Jesucristo sanó a todos los enfermos que estaban presentes. Hay otras cuarenta y siete ocasiones donde Él sanó a una o dos personas a la vez. En ningún lugar encontramos al Señor negándose a sanar a alguien.

Es más, Jesucristo declaró que Él no podía hacer nada por sí mismo sino solamente lo que veía hacer al Padre.

Respondió entonces Jesús, y les dijo: De cierto, de cierto os digo: No puede el Hijo hacer nada por sí mismo, sino lo que ve hacer al Padre; porque todo lo que el Padre hace, también lo hace el Hijo igualmente.

JUAN 5:19

Les dijo, pues, Jesús: Cuando hayáis levantado al Hijo del Hombre, entonces conoceréis que yo soy, y que nada hago por mí mismo, sino que según me enseñó el Padre, así hablo. Porque el que me envió, conmigo está; no me ha dejado solo el Padre, porque yo hago siempre lo que le agrada.

JUAN 8: 28-29

A la luz de estas declaraciones, las acciones de Jesús son suficiente prueba de que ¡siempre es la voluntad de Dios sanarnos!

Versículos

Diecisiete veces en los evangelios Jesucristo sanó a todos los que estaban presentes.

Y recorrió Jesús toda Galilea, enseñando en las sinagogas de ellos, y predicando el evangelio del reino, y sanando toda enfermedad y toda dolencia en el pueblo. Y se difundió su fama por toda Siria; y le trajeron todos los que tenían dolencias, los afligidos por diversas enfermedades y tormentos, los endemoniados, lunáticos y paralíticos; y los sanó.

Mateo 4:23-24

Y cuando llegó la noche, trajeron a él muchos endemoniados; y con la palabra echó fuera a los demonios, y sanó a todos los enfermos; para que se cumpliese lo dicho por el profeta Isaías, cuando dijo: El mismo tomó nuestras enfermedades, y llevó nuestras dolencias.

Mateo 8:16-17

Recorría Jesús todas las ciudades y aldeas, enseñando en las sinagogas de ellos, y predicando el evangelio del reino, y sanando toda enfermedad y toda dolencia en el pueblo.

Mateo 9:35

Sabiendo esto Jesús, se apartó de allí; y le siguió mucha gente, y sanaba a todos.

Mateo 12:15

Y saliendo Jesús, vio una gran multitud, y tuvo compasión de ellos, y sanó a los que de ellos estaban enfermos.

Mateo 14:14

Y terminada la travesía, vinieron a tierra de Genesaret. Cuando le conocieron los hombres de aquel lugar, enviaron noticia por toda aquella tierra alrededor, y trajeron a él todos los enfermos; y le rogaban que les dejase tocar solamente el borde de su manto; y todos los que lo tocaron, quedaron sanos.

Mateo 14: 34-36

Y se le acercó mucha gente que traía consigo a cojos, ciegos, mudos, mancos, y otros muchos enfermos; y los pusieron a los pies de Jesús, y los sanó; de manera que la multitud se maravillaba, viendo a los mudos hablar, a los mancos sanados, a los cojos andar, y a los ciegos ver; y glorificaban al Dios de Israel.

MATEO 15:30-31

Y le siguieron grandes multitudes, y los sanó allí.

MATEO 19:2

Y vinieron a él en el templo ciegos y cojos, y los sanó.

MATEO 21:14

Cuando llegó la noche, luego que el sol se puso, le trajeron todos los que tenían enfermedades, y a los endemoniados; y toda la ciudad se agolpó a la puerta. Y sanó a muchos que estaban enfermos de diversas enfermedades, y echó fuera muchos demonios; y no dejaba hablar a los demonios, porque le conocían.

MARCOS 1: 32-34

Y predicaba en las sinagogas de ellos en toda Galilea, y echaba fuera los demonios.

MARCOS 1:39 RVA

Y dondequiera que entraba, en aldeas, ciudades o campos, ponían en las calles a los que estaban enfermos, y le rogaban que les dejase tocar siquiera el borde de su manto; y todos los que le tocaban quedaban sanos.

MARCOS 6:56

Al ponerse el sol, todos los que tenían enfermos de diversas enfermedades los traían a él; y él, poniendo las manos sobre cada uno de ellos, los sanaba.

Lucas 4:40

Y descendió con ellos, y se detuvo en un lugar llano, en compañía de sus discípulos y de una gran multitud de gente de toda Judea, de Jerusalén y de la costa de Tiro y de Sidón, que había venido para oírle, y para ser sanados de sus enfermedades; y los que habían sido atormentados de espíritus inmundos eran sanados. Y toda la gente procuraba tocarle, porque poder salía de él y sanaba a todos.

Lucas 6: 17-19

En esa misma hora sanó a muchos de enfermedades y plagas, y de espíritus malos, y a muchos ciegos les dio la vista.

Lucas 7: 21

Y cuando la gente lo supo, le siguió; y él les recibió, y les hablaba del reino de Dios, y sanaba a los que necesitaban ser curados.

Lucas 9:11

Y al entrar en una aldea, le salieron al encuentro diez hombres leprosos, los cuales se pararon de lejos y alzaron la voz, diciendo: ¡Jesús, Maestro, ten misericordia de nosotros! Cuando él los vio, les dijo: Id, mostraos a los sacerdotes. Y aconteció que mientras iban, fueron limpiados. Entonces uno de ellos, viendo que había sido sanado, volvió, glorificando a Dios a gran voz, y se postró rostro en tierra a sus pies, dándole gracias; y éste era samaritano. Respondiendo Jesús, dijo: ¿No son diez los que fueron limpiados? Y los nueve, ¿dónde están?

Lucas 17: 12-17

Los Evangelios muestran otras cuarenta y siete veces a Jesucristo sanando a una o dos personas en cada ocasión:

Cuando descendió Jesús del monte, le seguía mucha gente. Y he aquí vino un leproso y se postró ante él, diciendo: Señor, si quieres, puedes limpiarme. Jesús extendió la mano y le tocó, diciendo: Quiero; sé limpio. Y al instante su lepra desapareció. Entonces Jesús le dijo: Mira, no lo digas a nadie; sino ve, muéstrate al sacerdote, y presenta la ofrenda que ordenó Moisés, para testimonio a ellos.

MATEO 8:1-4

Entrando Jesús en Capernaum, vino a él un centurión, rogándole, y diciendo: Señor, mi criado está postrado en casa, paralítico, gravemente atormentado. Y Jesús le dijo: Yo iré y le sanaré. Respondió el centurión y dijo: Señor, no soy digno de que entres bajo mi techo; solamente di la palabra, y mi criado sanará. Porque también yo soy hombre bajo autoridad, y tengo bajo mis órdenes soldados; y digo a éste: Ve, y va; y al otro: Ven, y viene; y a mi siervo: Haz esto, y lo hace. Al oírlo Jesús, se maravilló, y dijo a los que le seguían: De cierto os digo, que ni aun en Israel he hallado tanta fe. Y os digo que vendrán muchos del oriente y del occidente, y se sentarán con Abraham e Isaac y Jacob en el reino de los cielos; mas los hijos del reino serán echados a las tinieblas de afuera; allí será el lloro y el crujir de dientes. Entonces Jesús dijo al centurión: Ve, y como creíste, te sea hecho. Y su criado fue sanado en aquella misma hora.

MATEO 8:5-13

Vino Jesús a casa de Pedro, y vio a la suegra de éste postrada en cama, con fiebre. Y tocó su mano, y la fiebre la dejó; y ella se levantó, y les servía.

MATEO 8: 14-15

Cuando llegó a la otra orilla, a la tierra de los gadarenos, vinieron a su encuentro dos endemoniados que salían de los sepulcros, feroces en gran manera, tanto que nadie podía pasar por aquel camino. Y clamaron diciendo: ¿Qué tienes con nosotros, Jesús, Hijo de Dios? ¿Has venido acá para atormentarnos antes de tiempo? Estaba paciendo lejos de ellos un hato de muchos cerdos. Y los demonios le rogaron diciendo: Si nos echas fuera, permítenos ir a aquel hato de cerdos. El les dijo: Id. Y ellos salieron, y se fueron a aquel hato de cerdos; y he aquí, todo el hato de cerdos se precipitó en el mar por un despeñadero, y perecieron en las aguas. Y los que los apacentaban huyeron, y viniendo a la ciudad, contaron todas las cosas, y lo que había pasado con los endemoniados. Y toda la ciudad salió al encuentro de Jesús; y cuando le vieron, le rogaron que se fuera de sus contornos.

MATEO 8: 28-34

Entonces, entrando Jesús en la barca, pasó al otro lado y vino a su ciudad. Y sucedió que le trajeron un paralítico, tendido sobre una cama; y al ver Jesús la fe de ellos, dijo al paralítico: Ten ánimo, hijo; tus pecados te son perdonados. Entonces algunos de los escribas decían dentro de sí: Este blasfema. Y conociendo Jesús los pensamientos de ellos, dijo: ¿Por qué pensáis mal en vuestros corazones? Porque, ¿qué es más fácil, decir: Los pecados te son perdonados, o decir: Levántate y anda? Pues para que sepáis que el Hijo del Hombre tiene potestad en la tierra para perdonar pecados (dice entonces al paralítico): Levántate, toma tu cama, y vete a tu casa. Entonces él se levantó y se fue a su casa. Y la gente, al verlo, se maravilló y glorificó a Dios, que había dado tal potestad a los hombres.

MATEO 9:1-8

Y he aquí una mujer enferma de flujo de sangre desde hacía doce años, se le acercó por detrás y tocó el borde de su manto; porque decía dentro de sí: Si tocare solamente su manto, seré salva. Pero Jesús, volviéndose y mirándola, dijo: Ten ánimo, hija; tu fe te ha salvado. Y la mujer fue salva desde aquella hora.

MATEO 9: 20-22

◆ ◆ ◆

Al entrar Jesús en la casa del principal, viendo a los que tocaban flautas, y la gente que hacía alboroto, les dijo: Apartaos, porque la niña no está muerta, sino duerme. Y se burlaban de él. Pero cuando la gente había sido echada fuera, entró, y tomó de la mano a la niña, y ella se levantó. Y se difundió la fama de esto por toda aquella tierra.

MATEO 9: 23-26

Pasando Jesús de allí, le siguieron dos ciegos, dando voces y diciendo: ¡Ten misericordia de nosotros, Hijo de David! Y llegado a la casa, vinieron a él los ciegos; y Jesús les dijo: ¿Creéis que puedo hacer esto? Ellos dijeron: Sí, Señor. Entonces les tocó los ojos, diciendo: Conforme a vuestra fe os sea hecho. Y los ojos de ellos fueron abiertos. Y Jesús les encargó rigurosamente, diciendo: Mirad que nadie lo sepa. Pero salidos ellos, divulgaron la fama de él por toda aquella tierra.

MATEO 9: 27-31

Mientras salían ellos, he aquí, le trajeron un mudo, endemoniado. Y echado fuera el demonio, el mudo habló; y la gente se maravillaba, y decía: Nunca se ha visto cosa semejante en Israel.

MATEO 9: 32-33

Y he aquí había allí uno que tenía seca una mano; y preguntaron a Jesús, para poder acusarle: ¿Es lícito sanar en el día de reposo? El les dijo: ¿Qué hombre habrá de vosotros, que tenga una oveja, y si ésta cayere en un hoyo en día de reposo, no le eche mano, y la levante? Pues ¿cuánto más vale un hombre que una oveja? Por consiguiente, es lícito hacer el bien en los días de reposo. Entonces dijo a aquel hombre: Extiende tu mano. Y él la extendió, y le fue restaurada sana como la otra.

MATEO 12: 10-13

Entonces fue traído a él un endemoniado, ciego y mudo; y le sanó, de tal manera que el ciego y mudo veía y hablaba. Y toda la gente estaba atónita, y decía: ¿Será éste aquel Hijo de David?

Mateo 12: 22-23

Saliendo Jesús de allí, se fue a la región de Tiro y de Sidón. Y he aquí una mujer cananea que había salido de aquella región clamaba, diciéndole: ¡Señor, Hijo de David, ten misericordia de mí! Mi hija es gravemente atormentada por un demonio. Pero Jesús no le respondió palabra. Entonces acercándose sus discípulos, le rogaron, diciendo: Despídela, pues da voces tras nosotros. El respondiendo, dijo: No soy enviado sino a las ovejas perdidas de la casa de Israel. Entonces ella vino y se postró ante él, diciendo: ¡Señor, socórreme! Respondiendo él, dijo: No está bien tomar el pan de los hijos, y echarlo a los perrillos. Y ella dijo: Sí, Señor; pero aun los perrillos comen de las migajas que caen de la mesa de sus amos. Entonces respondiendo Jesús, dijo: Oh mujer, grande es tu fe; hágase contigo como quieres. Y su hija fue sanada desde aquella hora.

Mateo 15: 21-28

Cuando llegaron al gentío, vino a él un hombre que se arrodilló delante de él, diciendo: Señor, ten misericordia de mi hijo, que es lunático, y padece muchísimo; porque muchas veces cae en el fuego, y muchas en el agua. Y lo he traído a tus discípulos, pero no le han podido sanar. Respondiendo Jesús, dijo: ¡Oh generación incrédula y perversa! ¿Hasta cuándo he de estar con vosotros? ¿Hasta cuándo os he de soportar? Traédmelo acá. Y reprendió Jesús al demonio, el cual salió del muchacho, y éste quedó sano desde aquella hora.

Mateo 17: 14-18

Y dos ciegos que estaban sentados junto al camino, cuando oyeron que Jesús pasaba, clamaron, diciendo: ¡Señor, Hijo de David, ten misericordia de nosotros! Y la gente les reprendió para que callasen;

pero ellos clamaban más, diciendo: ¡Señor, Hijo de David, ten misericordia de nosotros! Y deteniéndose Jesús, los llamó, y les dijo: ¿Qué queréis que os haga? Ellos le dijeron: Señor, que sean abiertos nuestros ojos. Entonces Jesús, compadecido, les tocó los ojos, y en seguida recibieron la vista; y le siguieron.

Mateo 20: 30-34

Y entraron en Capernaum; y los días de reposo, entrando en la sinagoga, enseñaba. Y se admiraban de su doctrina; porque les enseñaba como quien tiene autoridad, y no como los escribas. Pero había en la sinagoga de ellos un hombre con espíritu inmundo, que dio voces, diciendo: ¡Ah! ¿qué tienes con nosotros, Jesús nazareno? ¿Has venido para destruirnos? Sé quién eres, el Santo de Dios. Pero Jesús le reprendió, diciendo: ¡Cállate, y sal de él! el espíritu inmundo, sacudiéndole con violencia, y clamando a gran voz, salió de él. Y todos se asombraron, de tal manera que discutían entre sí, diciendo: ¿Qué es esto? ¿Qué nueva doctrina es esta, que con autoridad manda aun a los espíritus inmundos, y le obedecen? Y muy pronto se difundió su fama por toda la provincia alrededor de Galilea.

Marcos 1: 21-28

Al salir de la sinagoga, vinieron a casa de Simón y Andrés, con Jacobo y Juan. Y la suegra de Simón estaba acostada con fiebre; y en seguida le hablaron de ella. Entonces él se acercó, y la tomó de la mano y la levantó; e inmediatamente le dejó la fiebre, y ella les servía.

Marcos 1: 29-31

Vino a él un leproso, rogándole; e hincada la rodilla, le dijo: Si quieres, puedes limpiarme. Y Jesús, teniendo misericordia de él, extendió la mano y le tocó, y le dijo: Quiero, sé limpio. Y así que él hubo hablado, al instante la lepra se fue de aquél, y quedó limpio. Entonces le encargó rigurosamente, y le despidió luego, y le dijo: Mira, no digas a nadie nada, sino ve, muéstrate

• • •

al sacerdote, y ofrece por tu purificación lo que Moisés mandó, para testimonio a ellos. Pero ido él, comenzó a publicarlo mucho y a divulgar el hecho, de manera que ya Jesús no podía entrar abiertamente en la ciudad, sino que se quedaba fuera en los lugares desiertos; y venían a él de todas partes.

MARCOS 1: 40-45

Entró Jesús otra vez en Capernaum después de algunos días; y se oyó que estaba en casa. E inmediatamente se juntaron muchos, de manera que ya no cabían ni aun a la puerta; y les predicaba la palabra. Entonces vinieron a él unos trayendo un paralítico, que era cargado por cuatro. Y como no podían acercarse a él a causa de la multitud, descubrieron el techo de donde estaba, y haciendo una abertura, bajaron el lecho en que yacía el paralítico. Al ver Jesús la fe de ellos, dijo al paralítico: Hijo, tus pecados te son perdonados. Estaban allí sentados algunos de los escribas, los cuales cavilaban en sus corazones: ¿Por qué habla éste así? Blasfemias dice. ¿Quién puede perdonar pecados, sino sólo Dios? Y conociendo luego Jesús en su espíritu que cavilaban de esta manera dentro de sí mismos, les dijo: ¿Por qué caviláis así en vuestros corazones? ¿Qué es más fácil, decir al paralítico: Tus pecados te son perdonados, o decirle: Levántate, toma tu lecho y anda? Pues para que sepáis que el Hijo del Hombre tiene potestad en la tierra para perdonar pecados (dijo al paralítico): A ti te digo: Levántate, toma tu lecho, y vete a tu casa. Entonces él se levantó en seguida, y tomando su lecho, salió delante de todos, de manera que todos se asombraron, y glorificaron a Dios, diciendo: Nunca hemos visto tal cosa.

MARCOS 2: 1-12

Otra vez entró Jesús en la sinagoga; y había allí un hombre que tenía seca una mano. Y le acechaban para ver si en el día de reposo le sanaría, a fin de poder acusarle. Entonces dijo al hombre que tenía la mano seca: Levántate y ponte en medio. Y les dijo: ¿Es lícito en los días de reposo hacer bien, o hacer mal; salvar la vida, o quitarla? Pero ellos callaban. Entonces, mirándolos alrededor con enojo, entristecido por la dureza de sus corazones, dijo al hombre: Extiende tu mano. Y él la extendió, y la mano le fue restaurada sana.

Marcos 3: 1-5

Vinieron al otro lado del mar, a la región de los gadarenos. Y cuando salió él de la barca, en seguida vino a su encuentro, de los sepulcros, un hombre con un espíritu inmundo, que tenía su morada en los sepulcros, y nadie podía atarle, ni aun con cadenas. Porque muchas veces había sido atado con grillos y cadenas, mas las cadenas habían sido hechas pedazos por él, y desmenuzados los grillos; y nadie le podía dominar. Y siempre, de día y de noche, andaba dando voces en los montes y en los sepulcros, e hiriéndose con piedras. Cuando vio, pues, a Jesús de lejos, corrió, y se arrodilló ante él. Y clamando a gran voz, dijo: ¿Qué tienes conmigo, Jesús, Hijo del Dios Altísimo? Te conjuro por Dios que no me atormentes. Porque le decía: Sal de este hombre, espíritu inmundo. Y le preguntó: ¿Cómo te llamas? Y respondió diciendo: Legión me llamo; porque somos muchos. Y le rogaba mucho que no los enviase fuera de aquella región. Estaba allí cerca del monte un gran hato de cerdos paciendo. Y le rogaron todos los demonios, diciendo: Envíanos a los cerdos para que entremos en ellos. Y luego Jesús les dio permiso. Y saliendo aquellos espíritus inmundos, entraron en los cerdos, los cuales eran como dos mil; y el hato se precipitó en el mar por un despeñadero, y en el mar se ahogaron. Y los que apacentaban los cerdos huyeron, y dieron aviso en la ciudad y en los campos. Y salieron a ver qué era aquello que había sucedido. Vienen a Jesús, y ven al que había sido atormentado del demonio, y que había tenido la legión, sentado, vestido y en su juicio cabal; y tuvieron miedo. Y les contaron los que lo habían visto, cómo le había acontecido al que había tenido el demonio, y lo de los cerdos. Y comenzaron a rogarle que se fuera de sus contornos. Al entrar él en la barca, el que había estado

◆ ◆ ◆

endemoniado le rogaba que le dejase estar con él. Mas Jesús no se lo permitió, sino que le dijo: Vete a tu casa, a los tuyos, y cuéntales cuán grandes cosas el Señor ha hecho contigo, y cómo ha tenido misericordia de ti. Y se fue, y comenzó a publicar en Decápolis cuán grandes cosas había hecho Jesús con él; y todos se maravillaban.

MARCOS 5: 1-20

Pero una mujer que desde hacía doce años padecía de flujo de sangre, y había sufrido mucho de muchos médicos, y gastado todo lo que tenía, y nada había aprovechado, antes le iba peor, cuando oyó hablar de Jesús, vino por detrás entre la multitud, y tocó su manto. Porque decía: Si tocare tan solamente su manto, seré salva. Y en seguida la fuente de su sangre se secó; y sintió en el cuerpo que estaba sana de aquel azote. Luego Jesús, conociendo en sí mismo el poder que había salido de él, volviéndose a la multitud, dijo: ¿Quién ha tocado mis vestidos? Sus discípulos le dijeron: Ves que la multitud te aprieta, y dices: ¿Quién me ha tocado? Pero él miraba alrededor para ver quién había hecho esto. Entonces la mujer, temiendo y temblando, sabiendo lo que en ella había sido hecho, vino y se postró delante de él, y le dijo toda la verdad. Y él le dijo: Hija, tu fe te ha hecho salva; ve en paz, y queda sana de tu azote.

MARCOS 5:25-34

Mientras él aún hablaba, vinieron de casa del principal de la sinagoga, diciendo: Tu hija ha muerto; ¿para qué molestas más al Maestro? Pero Jesús, luego que oyó lo que se decía, dijo al principal de la sinagoga: No temas, cree solamente. Y no permitió que le siguiese nadie sino Pedro, Jacobo, y Juan hermano de Jacobo. Y vino a casa del principal de la sinagoga, y vio el alboroto y a los que lloraban y lamentaban mucho. Y entrando, les dijo: ¿Por qué alborotáis y lloráis? La niña no está muerta, sino duerme. Y se burlaban de él. Mas él, echando fuera a todos, tomó al padre y a la madre de la niña, y a los que estaban con él, y entró donde estaba la niña. Y tomando la mano de la niña, le dijo: Talita cumi; que traducido es: Niña, a ti te digo, levántate. Y luego la niña se levantó y andaba, pues tenía doce años. Y se espantaron grandemente. Pero él les mandó mucho que nadie lo supiese, y dijo que se le diese de comer.

MARCOS 5: 35-43

Levantándose de allí, se fue a la región de Tiro y de Sidón; y entrando en una casa, no quiso que nadie lo supiese; pero no pudo esconderse. Porque una mujer, cuya hija tenía un espíritu inmundo, luego que oyó de él, vino y se postró a sus pies. La mujer era griega, y sirofenicia de nación; y le rogaba que echase fuera de su hija al demonio. Pero Jesús le dijo: Deja primero que se sacien los hijos, porque no está bien tomar el pan de los hijos y echarlo a los perrillos. Respondió ella y le dijo: Sí, Señor; pero aun los perrillos, debajo de la mesa, comen de las migajas de los hijos. Entonces le dijo: Por esta palabra, ve; el demonio ha salido de tu hija. Y cuando llegó ella a su casa, halló que el demonio había salido, y a la hija acostada en la cama.

MARCOS 7: 24-30

Volviendo a salir de la región de Tiro, vino por Sidón al mar de Galilea, pasando por la región de Decápolis. Y le trajeron un sordo y tartamudo, y le rogaron que le pusiera la mano encima. Y tomándole aparte de la gente, metió los dedos en las orejas de él, y escupiendo, tocó su lengua; y levantando los ojos al cielo, gimió, y le dijo: Efata, es decir: Sé abierto. Al momento fueron abiertos sus oídos, y se desató la ligadura de su lengua, y hablaba bien. Y les mandó que no lo dijesen a nadie; pero cuanto más les mandaba, tanto más y más lo divulgaban. Y en gran manera se maravillaban, diciendo: bien lo ha hecho todo; hace a los sordos oír, y a los mudos hablar.

MARCOS 7: 31-37

Vino luego a Betsaida; y le trajeron un ciego, y le rogaron que le tocase. Entonces, tomando la mano del ciego, le sacó fuera de la aldea; y escupiendo en sus ojos, le puso las manos encima, y le preguntó si veía algo. El, mirando, dijo: Veo los hombres como árboles, pero los veo que andan. Luego le puso otra vez las manos sobre los ojos, y le hizo que mirase; y fue restablecido, y vio de lejos y claramente a todos. Y lo envió a su casa, diciendo: No entres en la aldea, ni lo digas a nadie en la aldea.

Marcos 8:22-26

Cuando llegó a donde estaban los discípulos, vio una gran multitud alrededor de ellos, y escribas que disputaban con ellos. Y en seguida toda la gente, viéndole, se asombró, y corriendo a él, le saludaron. El les preguntó: ¿Qué disputáis con ellos? Y respondiendo uno de la multitud, dijo: Maestro, traje a ti mi hijo, que tiene un espíritu mudo, el cual, dondequiera que le toma, le sacude; y echa espumarajos, y cruje los dientes, y se va secando; y dije a tus discípulos que lo echasen fuera, y no pudieron. Y respondiendo él, les dijo: ¡Oh generación incrédula! ¿Hasta cuándo he de estar con vosotros? ¿Hasta cuándo os he de soportar? Traédmelo. Y se lo trajeron; y cuando el espíritu vio a Jesús, sacudió con violencia al muchacho, quien cayendo en tierra se revolcaba, echando espumarajos. Jesús preguntó al padre: ¿Cuánto tiempo hace que le sucede esto? Y él dijo: Desde niño. Y muchas veces le echa en el fuego y en el agua, para matarle; pero si puedes hacer algo, ten misericordia de nosotros, y ayúdanos. Jesús le dijo: Si puedes creer, al que cree todo le es posible. E inmediatamente el padre del muchacho clamó y dijo: Creo; ayuda mi incredulidad. Y cuando Jesús vio que la multitud se agolpaba, reprendió al espíritu inmundo, diciéndole: Espíritu mudo y sordo, yo te mando, sal de él, y no entres más en él. Entonces el espíritu, clamando y sacudiéndole con violencia, salió; y él quedó como muerto, de modo que muchos decían: Está muerto. Pero Jesús, tomándole de la mano, le enderezó; y se levantó. Cuando él entró en casa, sus discípulos le preguntaron aparte: ¿Por qué nosotros no pudimos echarle fuera? Y les dijo: Este género con nada puede salir, sino con oración y ayuno.

Marcos 9: 14-29

◆ ◆ ◆

Entonces vinieron a Jericó; y al salir de Jericó él y sus discípulos y una gran multitud, Bartimeo el ciego, hijo de Timeo, estaba sentado junto al camino mendigando. Y oyendo que era Jesús nazareno, comenzó a dar voces y a decir: ¡Jesús, Hijo de David, ten misericordia de mí! Y muchos le reprendían para que callase, pero él clamaba mucho más: ¡Hijo de David, ten misericordia de mí! Entonces Jesús, deteniéndose, mandó llamarle; y llamaron al ciego, diciéndole: Ten confianza; levántate, te llama. El entonces, arrojando su capa, se levantó y vino a Jesús. Respondiendo Jesús, le dijo: ¿Qué quieres que te haga? Y el ciego le dijo: Maestro, que recobre la vista. Y Jesús le dijo: Vete, tu fe te ha salvado. Y en seguida recobró la vista, y seguía a Jesús en el camino.

MARCOS 10: 46-52

Estaba en la sinagoga un hombre que tenía un espíritu de demonio inmundo, el cual exclamó a gran voz, diciendo: Déjanos; ¿qué tienes con nosotros, Jesús nazareno? ¿Has venido para destruirnos? Yo te conozco quién eres, el Santo de Dios. Y Jesús le reprendió, diciendo: Cállate, y sal de él. Entonces el demonio, derribándole en medio de ellos, salió de él, y no le hizo daño alguno. Y estaban todos maravillados, y hablaban unos a otros, diciendo: ¿Qué palabra es esta, que con autoridad y poder manda a los espíritus inmundos, y salen? Y su fama se difundía por todos los lugares de los contornos.

LUCAS 4: 33-37

Entonces Jesús se levantó y salió de la sinagoga, y entró en casa de Simón. La suegra de Simón tenía una gran fiebre; y le rogaron por ella. E inclinándose hacia ella, reprendió a la fiebre; y la fiebre la dejó, y levantándose ella al instante, les servía.

LUCAS 4: 38-39

Sucedió que estando él en una de las ciudades, se presentó un hombre lleno de lepra, el cual, viendo a Jesús, se postró con el rostro en tierra y le rogó, diciendo: Señor, si quieres, puedes limpiarme.

• • •

Entonces, extendiendo él la mano, le tocó, diciendo: Quiero; sé limpio. Y al instante la lepra se fue de él. Y él le mandó que no lo dijese a nadie; sino ve, le dijo, muéstrate al sacerdote, y ofrece por tu purificación, según mandó Moisés, para testimonio a ellos. Pero su fama se extendía más y más; y se reunía mucha gente para oírle, y para que les sanase de sus enfermedades.

Lucas 5: 12-15

Aconteció un día, que él estaba enseñando, y estaban sentados los fariseos y doctores de la ley, los cuales habían venido de todas las aldeas de Galilea, y de Judea y Jerusalén; y el poder del Señor estaba con él para sanar. Y sucedió que unos hombres que traían en un lecho a un hombre que estaba paralítico, procuraban llevarle adentro y ponerle delante de él. Pero no hallando cómo hacerlo a causa de la multitud, subieron encima de la casa, y por el tejado le bajaron con el lecho, poniéndole en medio, delante de Jesús. Al ver él la fe de ellos, le dijo: Hombre, tus pecados te son perdonados. Entonces los escribas y los fariseos comenzaron a cavilar, diciendo: ¿Quién es éste que habla blasfemias? ¿Quién puede perdonar pecados sino sólo Dios? Jesús entonces, conociendo los pensamientos de ellos, respondiendo les dijo: ¿Qué caviláis en vuestros corazones? ¿Qué es más fácil, decir: Tus pecados te son perdonados, o decir: Levántate y anda? Pues para que sepáis que el Hijo del Hombre tiene potestad en la tierra para perdonar pecados (dijo al paralítico): A ti te digo: Levántate, toma tu lecho, y vete a tu casa. Al instante, levantándose en presencia de ellos, y tomando el lecho en que estaba acostado, se fue a su casa, glorificando a Dios. Y todos, sobrecogidos de asombro, glorificaban a Dios; y llenos de temor, decían: Hoy hemos visto maravillas.

Lucas 5: 17-26

Aconteció también en otro día de reposo, que él entró en la sinagoga y enseñaba; y estaba allí un hombre que tenía seca la mano derecha. Y le acechaban los escribas y los fariseos, para ver si en el día de reposo lo sanaría, a fin de hallar de qué acusarle. Mas él conocía los pensamientos de ellos; y dijo al hombre que tenía

• • •

*la mano seca: Levántate, y ponte en medio. Y él, levantándose,
se puso en pie. Entonces Jesús les dijo: Os preguntaré una cosa:
¿Es lícito en día de reposo hacer bien, o hacer mal? ¿salvar la
vida, o quitarla? Y mirándolos a todos alrededor, dijo al hombre:
Extiende tu mano. Y él lo hizo así, y su mano fue restaurada.*

Lucas 6: 6-10

*Después que hubo terminado todas sus palabras al pueblo que le
oía, entró en Capernaum. Y el siervo de un centurión, a quien
éste quería mucho, estaba enfermo y a punto de morir. Cuando
el centurión oyó hablar de Jesús, le envió unos ancianos de los
judíos, rogándole que viniese y sanase a su siervo. Y ellos vinieron
a Jesús y le rogaron con solicitud, diciéndole: Es digno de que le
concedas esto; porque ama a nuestra nación, y nos edificó una
sinagoga. Y Jesús fue con ellos. Pero cuando ya no estaban lejos de
la casa, el centurión envió a él unos amigos, diciéndole: Señor, no
te molestes, pues no soy digno de que entres bajo mi techo; por lo
que ni aun me tuve por digno de venir a ti; pero dí la palabra,
y mi siervo será sano. Porque también yo soy hombre puesto bajo
autoridad, y tengo soldados bajo mis órdenes; y digo a éste: Vé,
y va; y al otro: Ven, y viene; y a mi siervo: Haz esto, y lo hace.
Al oír esto, Jesús se maravilló de él, y volviéndose, dijo a la gente
que le seguía: Os digo que ni aun en Israel he hallado tanta fe. Y
al regresar a casa los que habían sido enviados, hallaron sano al
siervo que había estado enfermo.*

Lucas 7: 1-10

*Aconteció después, que él iba a la ciudad que se llama Naín, e iban
con él muchos de sus discípulos, y una gran multitud. Cuando
llegó cerca de la puerta de la ciudad, he aquí que llevaban a
enterrar a un difunto, hijo único de su madre, la cual era viuda;
y había con ella mucha gente de la ciudad. Y cuando el Señor la
vio, se compadeció de ella, y le dijo: No llores. Y acercándose, tocó
el féretro; y los que lo llevaban se detuvieron. Y dijo: Joven, a ti
te digo, levántate. Entonces se incorporó el que había muerto, y
comenzó a hablar. Y lo dio a su madre. Y todos tuvieron miedo,*

• • •

y glorificaban a Dios, diciendo: Un gran profeta se ha levantado entre nosotros; y: Dios ha visitado a su pueblo. Y se extendió la fama de él por toda Judea, y por toda la región de alrededor.

Lucas 7: 11-17

Al llegar él a tierra, vino a su encuentro un hombre de la ciudad, endemoniado desde hacía mucho tiempo; y no vestía ropa, ni moraba en casa, sino en los sepulcros. Este, al ver a Jesús, lanzó un gran grito, y postrándose a sus pies exclamó a gran voz: ¿Qué tienes conmigo, Jesús, Hijo del Dios Altísimo? Te ruego que no me atormentes. (Porque mandaba al espíritu inmundo que saliese del hombre, pues hacía mucho tiempo que se había apoderado de él; y le ataban con cadenas y grillos, pero rompiendo las cadenas, era impelido por el demonio a los desiertos.) Y le preguntó Jesús, diciendo: ¿Cómo te llamas? Y él dijo: Legión. Porque muchos demonios habían entrado en él. Y le rogaban que no los mandase ir al abismo. Había allí un hato de muchos cerdos que pacían en el monte; y le rogaron que los dejase entrar en ellos; y les dio permiso. Y los demonios, salidos del hombre, entraron en los cerdos; y el hato se precipitó por un despeñadero al lago, y se ahogó. Y los que apacentaban los cerdos, cuando vieron lo que había acontecido, huyeron, y yendo dieron aviso en la ciudad y por los campos. Y salieron a ver lo que había sucedido; y vinieron a Jesús, y hallaron al hombre de quien habían salido los demonios, sentado a los pies de Jesús, vestido, y en su cabal juicio; y tuvieron miedo. Y los que lo habían visto, les contaron cómo había sido salvado el endemoniado. Entonces toda la multitud de la región alrededor de los gadarenos le rogó que se marchase de ellos, pues tenían gran temor. Y Jesús, entrando en la barca, se volvió. Y el hombre de quien habían salido los demonios le rogaba que le dejase estar con él; pero Jesús le despidió, diciendo: Vuélvete a tu casa, y cuenta cuán grandes cosas ha hecho Dios contigo. Y él se fue, publicando por toda la ciudad cuán grandes cosas había hecho Jesús con él.

Lucas 8: 27-39

• • •

Pero una mujer que padecía de flujo de sangre desde hacía doce años, y que había gastado en médicos todo cuanto tenía, y por ninguno había podido ser curada, se le acercó por detrás y tocó el borde de su manto; y al instante se detuvo el flujo de su sangre. Entonces Jesús dijo: ¿Quién es el que me ha tocado? Y negando todos, dijo Pedro y los que con él estaban: Maestro, la multitud te aprieta y oprime, y dices: ¿Quién es el que me ha tocado? Pero Jesús dijo: Alguien me ha tocado; porque yo he conocido que ha salido poder de mí. Entonces, cuando la mujer vio que no había quedado oculta, vino temblando, y postrándose a sus pies, le declaró delante de todo el pueblo por qué causa le había tocado, y cómo al instante había sido sanada. Y él le dijo: Hija, tu fe te ha salvado; ve en paz.

Lucas 8: 43-48

Estaba hablando aún, cuando vino uno de casa del principal de la sinagoga a decirle: Tu hija ha muerto; no molestes más al Maestro. Oyéndolo Jesús, le respondió: No temas; cree solamente, y será salva. Entrando en la casa, no dejó entrar a nadie consigo, sino a Pedro, a Jacobo, a Juan, y al padre y a la madre de la niña. Y lloraban todos y hacían lamentación por ella. Pero él dijo: No lloréis; no está muerta, sino que duerme. Y se burlaban de él, sabiendo que estaba muerta. Mas él, tomándola de la mano, clamó diciendo: Muchacha, levántate. Entonces su espíritu volvió, e inmediatamente se levantó; y él mandó que se le diese de comer. Y sus padres estaban atónitos; pero Jesús les mandó que a nadie dijesen lo que había sucedido.

Lucas 8: 49-56

Al día siguiente, cuando descendieron del monte, una gran multitud les salió al encuentro. Y he aquí, un hombre de la multitud clamó diciendo: Maestro, te ruego que veas a mi hijo, pues es el único que tengo; y sucede que un espíritu le toma, y de repente da voces, y le sacude con violencia, y le hace echar espuma, y estropeándole, a duras penas se aparta de él. Y rogué a tus discípulos que le echasen fuera, y no pudieron.

♦ ♦ ♦

Respondiendo Jesús, dijo: ¡Oh generación incrédula y perversa! ¿Hasta cuándo he de estar con vosotros, y os he de soportar? Trae acá a tu hijo. Y mientras se acercaba el muchacho, el demonio le derribó y le sacudió con violencia; pero Jesús reprendió al espíritu inmundo, y sanó al muchacho, y se lo devolvió a su padre.

LUCAS 9: 37-42

Estaba Jesús echando fuera un demonio, que era mudo; y aconteció que salido el demonio, el mudo habló; y la gente se maravilló.

LUCAS 11:14

Y había allí una mujer que desde hacía dieciocho años tenía espíritu de enfermedad, y andaba encorvada, y en ninguna manera se podía enderezar. Cuando Jesús la vio, la llamó y le dijo: Mujer, eres libre de tu enfermedad. Y puso las manos sobre ella; y ella se enderezó luego, y glorificaba a Dios. Pero el principal de la sinagoga, enojado de que Jesús hubiese sanado en el día de reposo, dijo a la gente: Seis días hay en que se debe trabajar; en éstos, pues, venid y sed sanados, y no en día de reposo. Entonces el Señor le respondió y dijo: Hipócrita, cada uno de vosotros ¿no desata en el día de reposo su buey o su asno del pesebre y lo lleva a beber? Y a esta hija de Abraham, que Satanás había atado dieciocho años, ¿no se le debía desatar de esta ligadura en el día de reposo? Al decir él estas cosas, se avergonzaban todos sus adversarios; pero todo el pueblo se regocijaba por todas las cosas gloriosas hechas por él.

LUCAS 13: 11-17

Aconteció un día de reposo, que habiendo entrado para comer en casa de un gobernante, que era fariseo, éstos le acechaban. Y he aquí estaba delante de él un hombre hidrópico. Entonces Jesús habló a los intérpretes de la ley y a los fariseos, diciendo: ¿Es lícito sanar en el día de reposo? Mas ellos callaron. Y él, tomándole, le sanó, y le despidió. Y dirigiéndose a ellos, dijo: ¿Quién de vosotros, si su asno o su buey cae en algún pozo, no lo sacará inmediatamente, aunque sea en día de reposo?

LUCAS 14: 1-5

ACERCA DEL AUTOR

Por más de tres décadas Andrew ha viajado por los Estados Unidos y por el mundo enseñando la verdad del Evangelio. Su profunda revelación de La Palabra de Dios es enseñada con claridad, simplicidad, enfatizando el amor incondicional de Dios y el equilibrio entre la gracia y la fe. Llega a millones de personas a través de sus programas diarios de radio y televisión *La Verdad del Evangelio*, transmitidos nacional e internacionalmente.

Fundó la escuela *Charis Bible College* en 1994 y desde entonces ha establecido extensiones del colegio CBC en varias ciudades principales de América y alrededor del mundo. Andrew ha producido una colección de materiales de enseñanza, disponibles en forma impresa, en formatos de audio y video. Y, como ha sido desde el inicio, su ministerio continúa proporcionando cintas de audio y CDS gratuitos a todos aquellos que no pueden adquirirlos.

Para mayor información escríbenos o llámanos:

Ministerios Andrew Wommack, Inc.
P.O. Box 3333 • Colorado Springs, CO 80934-3333
Correo electrónico: awommack@aol.com
Línea de ayuda (para solicitud de materials y oración): (719) 635-1111
Horas: 4:00 AM a 9:00 PM MST

Ministerios Andrew Wommack de Europa
P.O. Box 4392 • WS1 9AR Walsall • England
Correo electrónico: enquiries@awme.net
Línea de Ayuda en el RU (para solicitud de materiales y oración):
011-44-192-247-3300
Horas: 5:30 AM a 4:00 PM GMT

O visítalo en la Internet:
www.awmi.net

◆ ◆ ◆

Recibe a Jesucristo Como tu Salvador

¡Optar por recibir a Jesucristo como tu Señor y Salvador es la decisión más importante que jamás hayas tomado!

La Palabra de Dios promete: "**Si confesares con tu boca que Jesús es el Señor, y creyeres en tu corazón que Dios le levantó de los muertos, serás salvo**" (Ro. 10:9-10). "**Todo aquel que invocare el nombre del Señor, será salvo**" (Ro. 10:13).

Por su gracia, Dios ya hizo todo para proveer tu salvación. Tu parte simplemente es creer y recibir.

Ora con voz alta: "**Jesús, confieso que Tú eres mi Señor y mi Salvador. Creo en mi corazón que Dios te levantó de entre los muertos. Por fe en Tu Palabra, recibo ahora la salvación. ¡Gracias por salvarme!**"

En el preciso momento en que entregaste tu vida a Jesucristo, la verdad de Su Palabra instantáneamente se lleva a acabo en tu espíritu. Ahora que naciste de nuevo, hay un Tú completamente nuevo.

RECIBE AL ESPÍRITU SANTO

Como Su hijo que eres, tu amoroso Padre Celestial quiere darte el poder sobrenatural que necesitas para vivir esta nueva vida.

Todo aquel que pide, recibe; y el que busca, halla; y al que llama, se le abrirá...Si vosotros...sabéis dar buenas dádivas a vuestros hijos, ¿cuánto más vuestro Padre celestial dará el Espíritu Santo a los que se lo pidan?

Lc. 11:10,13

¡Todo lo que tienes que hacer es pedir, creer y recibir!

Ora: **"Padre, reconozco mi necesidad de Tu poder para vivir esta nueva vida. Por favor lléname con Tu Espíritu Santo. Por fe, ¡lo recibo ahora mismo! Gracias por bautizarme. Espíritu Santo, eres bienvenido a mi vida".**

¡Felicidades! ahora estás lleno del poder sobrenatural de Dios. Algunas sílabas de un lenguaje que no reconoces surgirán desde tu corazón a tu boca (1 Co. 14:14). Mientras las declaras en voz alta por fe, estás liberando el poder de Dios que está en ti y te estás edificando en el espíritu (1 Co. 14:14). Puedes hacer esto cuando quieras y donde quieras.

Realmente no interesa si sentiste algo o no cuando oraste para recibir al Señor y a Su Espíritu. Si creíste en tu corazón que lo recibiste, entonces La Palabra de Dios te asegura que así fue. **"Por tanto, os digo que todo lo que pidiereis orando, creed que lo recibiréis, y os vendrá"** (Mr. 11:24). Dios siempre honra Su Palabra; ¡créelo!

Por favor, escríbeme y dime si hiciste la oración para recibir a Jesús como tu Salvador o para ser lleno del Espíritu Santo. Me gustaría regocijarme contigo y ayudarte a entender más plenamente lo que ha sucedido en tu vida. Te enviaré un regalo que te ayudará a entender y a crecer en tu nueva relación con el Señor. "¡Bienvenido a tu nueva vida!"

◆ ◆ ◆

OTRAS PUBLICACIONES DE ANDREW WOMMACK

Espíritu, Alma y Cuerpo

El entender la relación entre tu espíritu, alma y cuerpo es fundamental para tu vida Cristiana. Nunca sabrás en realidad cuánto te ama Dios o creerás lo que Su Palabra dice sobre ti hasta que lo entiendas. En este libro, aprende cómo se relacionan y cómo ese conocimiento va a liberar la vida de tu espíritu hacia tu cuerpo y tu alma. Puede inclusive explicarte por qué muchas cosas no están funcionando de la forma que esperabas.

Código del artículo: 701

El Nuevo Tú

Es muy importante entender lo que sucedió cuando recibiste a Jesús como tu Salvador. Es la clave para evitar que La Palabra que fue sembrada en tu corazón sea robada por Satanás. La enseñanza de Andrew provee un fundamento sólido de las Escrituras que te ayudará a entender. La salvación es sólo el inicio. Ahora es tiempo de ser un discípulo (aprender de Él y seguirlo). Jesús enseñó mucho más que sólo el perdón de pecados; Él trajo al hombre a una comunión con el Padre. Desde la perspectiva de Dios, el perdón de los pecados es un medio para alcanzar un objetivo. La verdadera meta es tener comunión con Él y ser más como Jesús.

Código del artículo: 725

El Espíritu Santo

¡Aprenda por qué el bautismo del Espíritu Santo es una necesidad absoluta! Vivir la vida abundante que Jesús proveyó es imposible sin esto. Antes de que los discípulos de Jesús recibieran al Espíritu Santo, eran hombres débiles y temerosos. Pero, cuando fueron bautizados con el Espíritu Santo en El día de Pentecostés, cada uno se volvió un poderoso testigo del poder milagroso de Dios. En Hechos 1:8 Jesús nos dice que el mismo poder está disponible para nosotros.

Código del artículo: 726

La Gracia, el Poder del Evangelio

Encuestas recientes indican que la mayoría de los Cristianos, aquellos que aseguran ser renacidos, creen que su salvación depende por lo menos en parte de su comportamiento y de sus acciones. Sí, creen que Jesús murió por su pecado, pero ya que lo han aceptado como su Salvador creen que aún deben cubrir ciertos estándares para ser lo suficientemente "buenos". Si eso es verdad, entonces ¿cuál es el estándar y cómo sabes que ya lo cumpliste? La iglesia ha tratado de contestar estas preguntas por siglos y el resultado siempre ha sido una esclavitud religiosa y legalista. Entonces, ¿cuál es la respuesta? Se debe empezar por hacer la pregunta correcta. No es: "¿Qué debemos hacer?" Más bien: "¿Qué hizo Jesús?" Este libro te ayudará a entender, por medio del libro de Romanos, la revelación del Apóstol Pablo de lo que Jesús hizo, nunca más preguntarás si estás cumpliendo con el estándar.

Código del artículo: 731

La Guerra Ya Terminó

El Conflicto de mayor duración en la historia de la humanidad duró 4000 años y culminó con una victoria absoluta hace casi 2000 años. Aun así, muchos todavía no han escuchado estas noticias y continúan peleando la batalla—la batalla en contra del pecado y del juicio. En la cruz Jesucristo dijo: "Consumado es", se proclamó la victoria, y la reconciliación comenzó. Ésta era la victoria que se prometió cuando Jesucristo nació y los ángeles declararon: "¡Gloria a Dios en las alturas, y en la tierra paz, buena voluntad para con los hombres!" La paz de la que Él habló no era la paz entre los hombres, sino la paz entre Dios y la humanidad. El pecado ya no es el problema; el precio ha sido pagado de una vez por todas. ¿Fue Su sacrificio suficiente para ti? ¿Crees que Dios está restringiendo Su bendición y que la razón es tu pecado? Las respuestas que encontrarás en este libro te liberarán de la condenación y el temor. ¡Te liberarán para que recibas las promesas anunciadas por Dios!

Código del artículo: 733

La Autoridad del Creyente

El controversial tema de la autoridad del creyente en Cristo se discute extensamente en la iglesia hoy. Andrew Wommack, maestro de la Biblia reconocido internacionalmente nos trae una nueva perspectiva sobre esta importante verdad espiritual que podría poner a prueba todo lo que has aprendido. Al escudriñar Las Escrituras, Andrew revela la importancia espiritual de tus decisiones, tus palabras, y tus acciones y cómo afectan tu capacidad para enfrentar los ataques de Satanás y para recibir lo mejor de Dios. Descubre las poderosas verdades encerradas en la verdadera autoridad espiritual y empieza a ver verdaderos resultados.

Código del artículo: 735